W0288814

Späte Begegnung

Helmut Hauck

Erste Auflage 2013

Herausgeber: Helmut Hauck (Eigenverlag)

© by Helmut Hauck 2013

Das Copyright bezieht sich ausschliesslich auf die hier vorliegende Edition.
Die verwendeten Texte von R. Luxemburg und W. G. Korolenko (incl. Einführung und Kommentierung) sind davon nicht betroffen.

Layout: Stefan Schäwel

Einbandgestaltung: Stefan Schäwel
unter Verwendung zweier Bleistiftzeichnungen von Wolfgang Tietze

Druck und Bindung: Hoffmann-Druck GmbH Wolgast

Abbildungen:
S. 8/9 aus dem Buch „W. G. Korolenkos Leben" von A. Dermann, SWA-Verlag-Berlin, 1947

Texte:
R. Luxemburg „Einleitung" und W. G. Korolenko „Vorwort des Verfassers" aus „Die Geschichte meines Zeitgenossen", Wladimir Korolenko, Verlag Paul Cassirer, Berlin 1919 (mit geringfügigen Änderungen aus der Fraktur-Druckschrift übertragen von Helmut Hauck)

„Briefe von W. G. Korolenko an A. Lunatscharski aus dem Jahre 1920" (incl. der Einführung von Sergej Salygin und der abschliessenden Kommentierung von A. Chrabrowitzki) aus der Zeitschrift „Sowjetliteratur" Ausgabe 1/1990

Biografien:
R. Luxemburg: aus http://www.rosalux.de/stiftung/rosaluxemburg.html (mit freundlicher Genehmigung der Rosa-Luxemburg-Stiftung Gesellschaftsanalyse und politische Bildung e. V. (Berlin)

W.G. Korolenko: aus „W. G. Korolenkos Leben" von A. Dermann, SWA-Verlag-Berlin, 1947

ISBN 978-3-00-038520-9

Titelbild des Buches

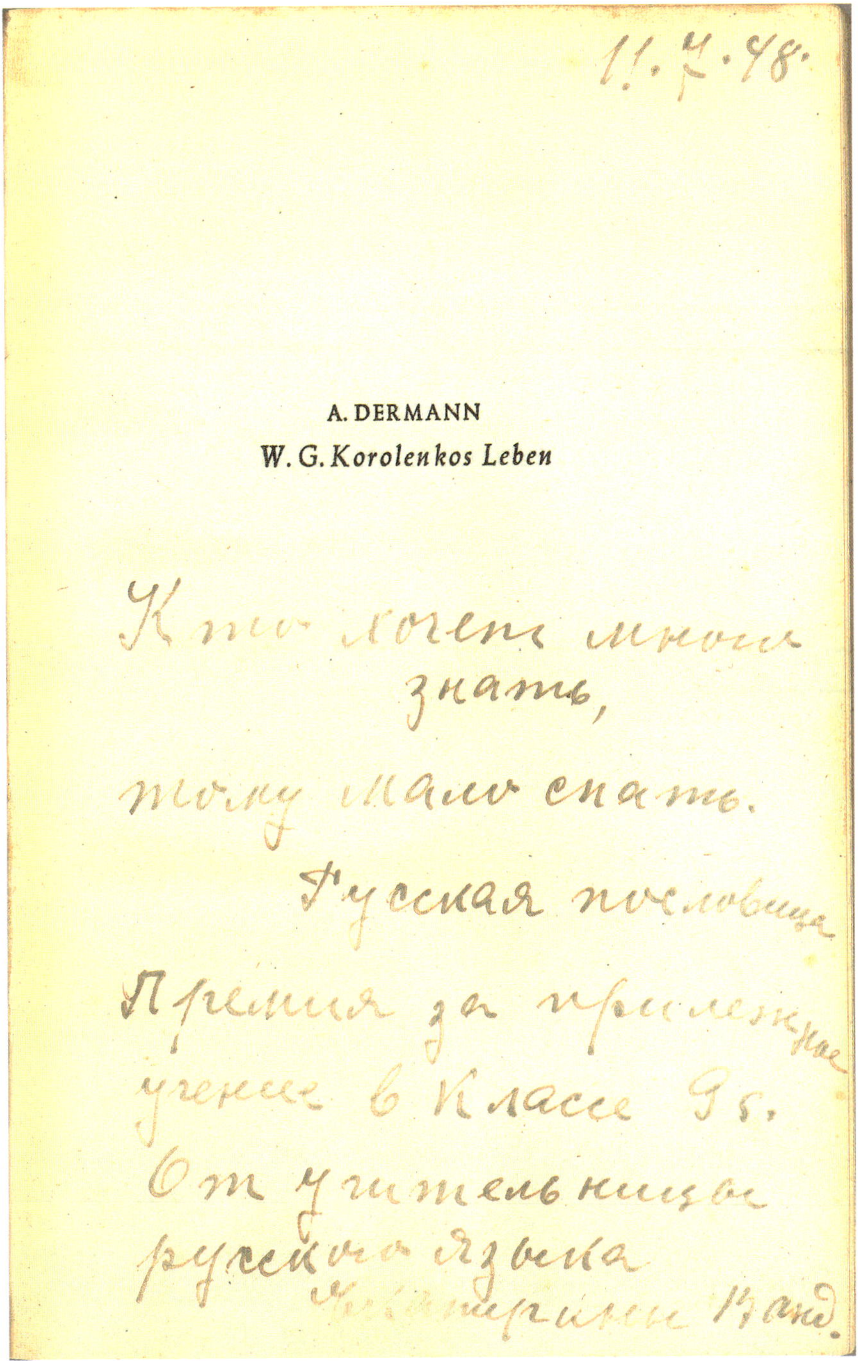

11.7.48.

A. DERMANN

W. G. Korolenkos Leben

Кто хочет много
знать,
тому мало спать.
Русская пословица

Премия за прилежное
учение в Классе 9б.
От учительницы
русского языка
Екатерины Ванд.

Die Widmung

Statt eines Vorworts

Die Widmung

Im Juli 1948 erhielt ich an der Oberschule Dresden-Ost das broschierte Büchlein von 138 Seiten „W. G. Korolenkos Leben" mit zu Deutsch folgender Widmung:

Wer viel wissen will,
dem wird wenig Schlaf zuteil werden.
Russisches Sprichwort

Prämie für fleißiges Lernen in Klasse 9s.
Von der Lehrerin für russische Sprache
Jekaterina Wand

Die Volksweisheit sagt gewiß zu Recht, daß viel wissen wollen viel Schlaf kosten aber auch rauben kann, denn nicht jedes Wissen ist ein gutes Ruhekissen.

Warum die Lehrerin mir diese Widmung ins Buch geschrieben hat, kann ich nur vermuten, aber schließlich kannte sie ja mein Flüchtlingsschicksal und mein Bestreben, in der Schule viel aufzuholen. Ahnen konnte sie nicht, welche ungewöhnliche Rolle die kleine Auszeichnung in meinem Leben spielen würde.

Weihnachten 1944 war meine Mutter mit uns drei in Breslau wohnenden Geschwistern aus der zur Festung auserkorenen, belagerten Stadt geflohen. Meine Schulzeit endete damit in der Ungewißheit. Kaum mehr als die vier Grundrechenarten und etwas Lesen und Schreiben hatte mir die alte Schule fürs Überleben mitgegeben. Heldenlegenden und Größenwahn taugten nur zum Vergessen.

Nach unserer Flucht hatten wir eine Notunterkunft in Waldenburg, meinem Geburtsort, gefunden.

Im April 1945 verhalf mir mein Vater zu einer Stelle als Anlernling bei einer Firma für Telefon- und Telegraphenbau. Wenige Wochen später wurde unsere Stadt durch die Rote Armee befreit. Es begann die harte Schule des Lebens ohne festen Wohnsitz mit Gelegenheitsarbeit bei der Roten Armee und den Polen bis zur Aussiedlung aus Schlesien im August 1947.

Nach einem strapaziösen Transport und der Quarantäne in einem ehemaligen Gefangenenlager kamen wir in die Umgebung des zerstörten Dresden. Es fehlte an allem. Wir hatten nur eine naßkalte Notunterkunft, kaum Heizung, Kleidung und Verpflegung.

Schon nach wenigen Tagen Anmeldung bei den Behörden bestätigte mir das Arbeitsamt eine Lehrstelle in einem Fernmeldebetrieb, dessen Existenz allerdings unsicher war und der an meiner Ausbildung wenig Interesse hatte. Gleichzeitig bemühte ich mich um einen Schulabschluß.

Die Oberschule Dresden-Ost bot mir den Einstieg in eine 9. Klasse an. Ich willigte ein und nach drei chaotischen Jahren Schulfreiheit drückte ich, einen Monat noch parallel zur Lehre, ab 11. Dezember wieder die Schulbank. Die Startbedingungen konnten nicht schlechter sein. Meine Eltern schwer erkrankt, die Lebensbedingungen verheerend, nicht einmal ein Tisch zum Arbeiten, weder Lehrbücher noch Hefte zu haben, saß ich mit siebzehneinhalb Jahren fast erwachsen unter unreifen Schuljungen. In einem halben Jahr sollte ich in mehr als zehn Fächern einschließlich Englisch, Französisch und Russisch das Klassenziel erreichen.

Mein Kopf war eine Tabula rasa, ein unbeschriebenes Blatt. Ich fühlte mich in der Schule fremd und wurde auch als Fremdkörper von Lehrern und Schülern ignoriert. Da nicht wenige Jugendliche die Schule nur als Alibi gegenüber dem Arbeitsamt brauchten, um nicht zur Arbeit zu müssen und Zeit für den Schwarzmarkt zu haben, hielt man mich wohl auch nur für einen zeitweiligen Gast.

Wie ein außerirdischer Hospitant versuchte ich mich dem Unterrichtsstoff zu nähern. Durch die dramatischen Kriegs- und Nachkriegserlebnisse war mein theoretisches Wissen wie ausgelöscht. Nach einiger Zeit begann ich mich zaghaft am Unterricht zu beteiligen. In Russisch hatte ich den Anschluß erstaunlich schnell erreicht. Das lag vielleicht sowohl an einer geringen Lerneinstellung der Mitschüler als auch an dem Klang der russischen Sprache, den ich von meiner Arbeit bei der Roten Armee im Ohr hatte. Entscheidend war aber der Nachhilfeunterricht, den mir meine Eltern von unserem bescheidenen Geld gewährten.

Einmal wöchentlich stand ich im Morgengrauen fröstelnd an der Elbe und wartete auf die Fähre, um an das andere Ufer überzusetzen. Von 6 bis 7 Uhr unterrichtete mich dort eine ältere Dame vor allem in russischer Grammatik. Ich glaube, sie war Polin. Bestimmt wollte sie mir helfen, brauchte aber auch den kleinen Zuverdienst. Wenn unsere Klasse in der Vormittagsschicht Unterricht hatte, fuhr ich gleich mit der Straßenbahn in die Schule. Schließlich kam die erste Klassenarbeit, die ich mitschrieb. Als sie zurückgegeben wurde, hatte ich als einziger die Note 1.

Die Klasse stand wie unter einem Schock. Hatte sich der Neue etwa nur dumm gestellt? Auf einmal wurde ich wahr- und ernstgenommen. In der Pause wurde ich umringt und ausgefragt, wie ich das gemacht hätte. Der Klassenprimus fürchtete eine Konkurrenz. Die Klasse zeigte schlagartig eine bessere Lernhaltung. Je mehr die Lehrer das feststellten und lobten, umso größer wurde der Eifer. Meine Isolierung war durchbrochen und ich war in die Klasse aufgenommen. Nicht nur in Russisch meldete ich mich öfter zu Wort. Bald näherte sich das Schuljahr dem Ende. Mein Leistungsdurchschnitt war 1,6. Nur in einem Fach hatte ich eine 3. Die größte Hürde war genommen, die Versetzung in die 10. Klasse sicher.

Zu verdanken hatte ich das vor allem meiner größeren Lebenserfahrung und der ernsteren Lerneinstellung im Vergleich zu meinen Mitschülern.

An diesem Schuljahresende erhielt ich als Auszeichnung auch das Büchlein mit der Widmung von meiner Russischlehrerin.

Ich habe auch ein wenig darin gelesen, hatte aber keine Zeit und andere Sorgen, als mich richtig damit zu beschäftigen. Und so turbulent, wie mein Leben begonnen hatte, ging es fast ständig weiter. Im Direkt- und Fernstudium habe ich viele Jahre im In- und Ausland studiert. Meine Tätigkeit war oft ein völliger Neubeginn mit ganz neuen Anforderungen. Das Büchlein mit der Widmung blieb mir aber immer ungelesen als eine unerledigte Aufgabe in Erinnerung. Wenn ich Zeit hatte, hatte ich es nicht zur Hand und wenn ich es zur Hand hatte, keine Zeit. Die Widmung und den Namen des russischen Schriftstellers Korolenko hatte ich mir aber eingeprägt. Ich sammelte über ihn auch einige Zeitungsausschnitte und erwarb sogar eines seiner Bücher.

Aber meine Lebensumstände behielten viel von dem Flüchtlingsdasein mit häufigem Orts- und Situationswechsel. Als ich älter wurde und etwas länger an einem Ort zu bleiben schien, kam die Einheit Deutschlands und brachte das Gesetz der Rückgabe vor Entschädigung. Fast der ganze Ort, an dem ich wohnte, unterlag der Rückgabe an Alteigentümer. Es herrschte große Verunsicherung und ein Klima, das mich sehr an die Besetzungen in Kriegszeiten erinnerte. Ein Zufall ergab, daß unsere Familie ein Angebot zum Wohnungswechsel nach Mecklenburg-Vorpommern erhielt.

Kurzerhand entschlossen wir uns, unsere Mietwohnung aufzugeben, luden unsere ganze Habe auf einen offenen Kohlenwagen mit Hänger und fuhren im Oktober 1997 am Reformationstag trotz LKW-Fahrverbot auf Schleichwegen wieder einmal ins Ungewisse. Dort warfen wir abends Mobiliar, Hausrat und Bücherpakete in eine alte Scheune, die zur neuen Behausung ausgebaut werden sollte. Es war ein Neuanfang, ähnlich der Zeit nach dem Krieg.

Mit der Zeit begann sich unser Leben wieder zu normalisieren. Stückweise holte ich auch die Bücherpakete aus der Scheune, um sie zu sichten und ein- oder auszusortieren.

Nach 60 Jahren, im Herbst 2008, hielt ich nun das Büchlein mit der Widmung in der Hand. Ich beschloß, es nicht ungelesen aus der Hand zu legen. Es war in mehrfacher Hinsicht ein bewegender Augenblick.

Die Tinte der Widmung ist mit den Jahren ziemlich verblaßt.

Das Buch „W. G. Korolenkos Leben“ ist 1947 im Verlag der Sowjetischen Militäradministration erschienen. Die Übersetzung trägt die typischen Kennzeichen der sprachlichen Unbeholfenheit kurz nach dem Krieg. Durch meine heutigen Russischkenntnisse konnte ich durch Rückübersetzung beim Lesen manche Textstellen erst tiefer erfassen. Als Schüler hätte ich damals die Biografie nur sehr allgemein aufgenommen. Sie wäre durch die stärkeren Eindrücke der Lebensverhältnisse bald überlagert worden. Auch das starke Sozialempfinden Korolenkos hat mir erst meine Lebenserfahrung näher gebracht.

Politisch ist interessant, wie das Programm des Militärverlages damals ausgesehen haben mag und wer es bestimmt hat, denn Korolenko ist nicht typisch für die später vorherrschende Personenkultliteratur im Handel.

Das Buch gibt einen guten Überblick über das Leben und das Schaffen Korolenkos. Es machte mich neugierig auf das zweibändige Werk, das ich zufällig einmal erworben hatte: „Die Geschichte meines Zeitgenossen“.

Nach dem Inhaltsverzeichnis verspricht es eine Selbstbiografie zu sein. Der Titel irritierte mich jedoch ein wenig. Das Vorwort des Verfassers brachte mir Klärung und zugleich einen sehr feinsinnigen, allgemeingültigen Standpunkt zu biografischen Veröffentlichungen. Ich halte ihn für beachtenswert und füge ihn ungekürzt bei.

Doch zu meiner größten Überraschung in diesem Buch wurde die klein gedruckte Bemerkung:

„Aus dem Russischen übersetzt und mit einer Einleitung versehen von Rosa Luxemburg“

und am Ende der Einleitung fand ich den Hinweis:

„Geschrieben im Strafgefängnis Breslau, im Juli 1918.
R. Luxemburg“

Für einige Augenblicke begannen sich meine Gedanken zu überschlagen und zu kreisen, um Jahreszahlen – 1918 – 1948 – 2008, um meine Kindheit in Breslau, meine Flucht, um Rosa Luxemburg, ihre Ermordung, ihre Beachtung und Achtung in der DDR, ihre ungebrochene Wirkung bis heute!

Ich begann die Einleitung zu lesen und je mehr ich mich hinein vertiefte, desto größer wurde meine Bewunderung und Hochachtung für den tiefgründigen Vergleich der russischen und westeuropäischen Literatur.

Selbst während meines Studiums der russischen Literatur war mir so eine dialektisch ausgewogene, sozial bezogene Charakterisierung der russischen Literatur von ihrer Entstehung bis Gorki nicht zur Kenntnis gelangt. Sollte es nur an mir gelegen haben? Ich kann es mir nicht vorstellen.

Für die gute Übersetzung des Buches durch die kluge Frau reichte ja noch mein Verständnis. Wie aber hatte sie es fertig gebracht, unter Gefängnisbedingungen eine vergleichende Literaturstudie anzufertigen, die selbst an einer großen Bibliothek schwer zu erarbeiten ist? Sie hat mein Bild von Rosa Luxemburg

hochachtungsvoll erweitert.
Ich bedauerte, erst nach so vielen Jahren diese Entdeckung gemacht zu haben. Wie gern hätte ich auch aus heutiger Sicht meiner Lehrerin für das auf Korolenko aufmerksam machende Büchlein mit der Widmung gedankt.
So entstand bei mir der Wunsch, diese Einleitung von Rosa Luxemburg meinen literaturinteressierten Bekannten zu empfehlen.
Die Reaktionen waren ähnlich der meinen.
Ich denke, es können nicht genug Literaturinteressierte auf Rosa Luxemburgs Einleitung zu Wladimir Korolenkos Buch „Die Geschichte meines Zeitgenossen" aufmerksam gemacht werden. Gibt es eine größere Ehrung dieser großartigen Frau, als sich ihr Vermächtnis zu erschließen?

Rosa Luxemburg schätzte Korolenko sehr. Sie schrieb die ausführliche Einleitung zu seinem Buch auch deshalb, um anhand seines Wirkens zu zeigen, daß die russische Literatur des 19. Jahrhunderts „aus Opposition zu dem herrschenden Regime, aus Kampfgeist geboren wurde. ...das hohe soziale Verantwortlichkeitsgefühl erwies sich bei diesem begnadeten Dichter stärker sogar als die Liebe zur Natur, zum ungebundenen Wanderleben, zum poetischen Schaffen. Von der Woge der nahenden revolutionären Sturmflut mitgerissen, verstummt er als Dichter am Ende der neunziger Jahre immer mehr, um nur noch als Vorkämpfer der Freiheit, als geistiger Mittelpunkt der oppositionellen Bewegung der russischen Intelligenz seine Klinge blitzen zu lassen." (Rosa Luxemburg)
Was Rosa Luxemburg gewiss ahnte, jedoch nicht mehr erleben konnte, war, daß Wladimir Korolenko seiner hohen humanistischen Verantwortung auch gegenüber der neuen Macht, den Bolschewiki nach der Oktoberrevolution, gerecht wurde. In den am Schluß angefügten sechs Briefen an A. Lunatscharski begründet er bereits 1920, warum er den Bolschewiki seine Unterstützung verweigert und das Scheitern der Revolution befürchtet. Das Urteil der Geschichte ist bekannt. Die schwerwiegenden, opferreichen Folgen der Mißachtung seiner Kritik und Persönlichkeit sind bis heute nachhaltig wirksam.

Helmut Hauck

Wladimir Galaktionowitsch Korolenko
„Die Geschichte meines Zeitgenossen"

Vorwort des Verfassers

Ich habe in diesem Buche eine Reihe von Bildern des vergangenen halben Jahrhunderts aus meinem Gedächtnis hervorgelockt und festgehalten, wie sie sich in der Seele erst eines Kindes, dann des Jünglings, endlich des Erwachsenen spiegelten. Meine frühe Kindheit und die ersten Jahre meiner Jugend fallen in die Zeit der sogenannten großen Reformen Alexanders II. Die Mitte meines Lebens habe ich unter der finsteren Reaktion im herrschenden Regierungssystem und in der Gesellschaft, sowie unter den ersten Regungen des revolutionären Kampfes verlebt. Heute sehe ich so manches, wofür meine Generation geschwärmt und gefochten hat, in wirren Formen in die Schranken des Lebens hereinstürmen. Mich dünkt, daß manche Erlebnisse aus der Zeit meiner Irrfahrten in der Verbannung, daß Ereignisse, Charaktere, Gedanken und Empfindungen jener Zeit und jener Umgebung auch heute noch das Interesse der lebendigen Wirklichkeit nicht verloren haben. Ja, ich möchte glauben, daß auch die Zukunft sie nicht ganz wertlos finden dürfte. Unser heutiges Leben wankt und erzittert unter dem heftigen Zusammenprall des Neuen mit dem Abgelebten, und ich hoffe wenigstens einige Keime dieses Widerstreits beleuchten zu können.

Doch zunächst war es mir darum zu tun, die Aufmerksamkeit des Lesers auf die ersten Regungen des aufkeimenden und wachsenden Bewußtseins einer Menschenseele zu lenken. Ich wußte wohl, daß es mir nicht leicht fallen würde, mich jetzt, mitten im dröhnenden Lärm der Gegenwart, beim ersten dumpfen Grollen des heraufziehenden Gewitters, in jene alten Erinnerungen zu vertiefen, aber ich sehe, daß ich diese Schwierigkeit noch bedeutend unterschätzte.

Ich schreibe hier nicht die Geschichte meiner Zeit, sondern bloß die Geschichte eines Menschenlebens in dieser Zeit, und ich möchte, daß der Leser zuerst das Prisma kennen lerne, in dem die Zeit sich spiegelte. Diese Bekanntschaft ihm zu verschaffen ist nur in einer zusammenhängenden Erzählung möglich. Die Kindheit und die Jugend sollen den Inhalt dieses ersten Teils meiner Geschichte bilden.

Noch eins. Die Erinnerungen sind keine Selbstbiographie: ich habe mich um die erschöpfende Genauigkeit der biographischen Angaben kaum gekümmert. Sie sind auch keine Beichte: ich glaube nicht an öffentliche Beichten noch an ihren Nutzen. Sie sind endlich kein Selbstbildnis: ist es doch schwer, wenn man sich selbst schildert, irgend eine Gewähr für die Ähnlichkeit zu bieten. Jedes Spiegelbild unterscheidet sich von der Wirklichkeit schon dadurch, daß es eben ein Spiegelbild ist: wievielmehr ein bewußt unvollständiges Lebensbild. Dieses gibt stets die ausgewählten Einzelbilder, ich möchte sagen, in satteren Farben wieder und ist deshalb mitunter bei aller Echtheit anziehender, bedeutender, meinetwegen reiner als die Wirklichkeit.

Ich strebte in meiner Arbeit nach möglichst getreuer geschichtlicher Wahrheit und habe ihr oft die schönere und leuchtendere künstlerische Wahrheit zum Opfer gebracht. Man wird hier nichts finden, was mir nicht in Wirklichkeit begegnet wäre, was ich nicht erlebt, empfunden, gesehen hätte. Und doch wiederhole ich: es war nicht mein Trachten, ein Bildnis meiner selbst zu geben. Hier findet der Leser nur „die Geschichte meines Zeitgenossen", das Lebensbild eines Menschen, den ich besser gekannt habe, als irgend einen der Lebenden...

Rosa Luxemburg

Einleitung

zu W. G. Korolenkos Buch „Die Geschichte meines Zeitgenossen"

I

„Meine Seele von dreierlei Nationalität fand endlich eine Heimat, – es war das vor allem die russische Literatur", sagt Korolenko in seinen Lebenserinnerungen. Die Literatur, die für Korolenko Vaterland, Heimat, Nationalität und deren Zierde er selbst geworden, ist, ihrer Geschichte nach, eine einzig dastehende Erscheinung.

Ganze Jahrhunderte, das Mittelalter und die Neuzeit hindurch, bis zum letzten Drittel des 18. Jahrhunderts, herrschte in Rußland finstere Nacht, Friedhofsstille, Barbarei. Keine gebildete Schriftsprache, keine eigene Metrik, keine wissenschaftliche Literatur, kein Buchhandel, keine Bibliotheken, keine Zeitschriften, keine Mittelpunkte des geistigen Lebens. Der Golfstrom der Renaissance, der sämtliche Länder Europas bespült und einen blühenden Garten der Weltliteratur hervorgezaubert hat, die aufrüttelnden Stürme der Reformation, der Gluthauch der Philosophie des 18. Jahrhunderts, – all das hat Rußland unberührt gelassen. Das Zarenreich besaß noch keine Organe, um die Lichtstrahlen der westlichen Kultur aufzufangen, keinen geistigen Humusboden, um sich ihre Keime anzueignen. Die spärlichen literarischen Denkmäler jener Zeiten muten heute durch ihre fremdartige Häßlichkeit wie Kunsterzeugnisse der Salomonsinseln oder der Neuen Hebriden an; zwischen ihnen und der Kunst des Westens besteht anscheinend keine Wesensverwandtschaft, kein inneres Band.

Dann geschieht etwas wie ein Wunder. Nach einigen schüchternen Anläufen zur Schaffung einer nationalen Geistesbewegung gegen Ausgang des 18. Jahrhunderts, zünden die Napoleonischen Kriege wie ein Blitz, sowohl durch die tiefste Erniedrigung Rußlands, die zum ersten Mal das nationale Bewußtsein im Zarenreich weckt, wie später durch die Triumphe der Koalition, welche die russische intelligente Jugend nach dem Westen, nach Paris, ins Herz der europäischen Kultur führen und mit einer neuen Welt in Berührung bringen.

Wie über Nacht blüht eine russische Literatur auf, die fertig, im schimmernden Rüstzeug, wie Minerva aus Jupiters Haupte, steigt, – eine eigene nationale Kunstform, eine Sprache, die den Wohllaut der italienischen mit der männlichen Kraft der englischen und dem Adel sowie dem Tiefsinn der deutschen paart, ein übersprudelnder Reichtum an Talenten, an strahlender Schönheit, an Gedanken und Empfindungen.

Die lange finstre Nacht, die Friedhofsruhe war Schein, war Trugbild. Die Lichtstrahlen aus dem Westen blieben nur als latente Kraft verborgen, die Keime der Kultur warteten nur in der Scholle auf einen günstigen Augenblick, um zu treiben. Die russische Literatur stand auf einmal da, als unverkennbares Glied der europäischen Literatur, in ihren Adern kreiste das Blut Dantes, Rabelais', Shakespeares, Byrons, Lessings, Goethes. Sie holte mit einem Löwensprung die Versäumnisse eines Jahrhunderts nach und trat in den Familienkreis der Weltliteratur als ebenbürtige ein.

Ein merkwürdiger Rhythmus dies in der Geschichte der russischen Literatur und eine merkwürdige Analogie zu der jüngsten politischen Entwicklung Rußlands, was wohl geeignet ist, manch braves Schulmeisterlein aus dem Konzept zu bringen.

Was aber das Kennzeichnende dieser so jäh emporgesprossenen russischen Literatur ist, daß sie aus

Opposition zu dem herrschenden Regime, aus Kampfgeist geboren wurde. Dies Zeichen trägt sie sichtbar das ganze 19. Jahrhundert hindurch. Daraus erklärt sich der Reichtum und die Tiefe ihres geistigen Gehalts, die Vollendung und Originalität ihrer künstlerischen Form, namentlich aber ihre schöpferische und bewegende soziale Kraft. Die russische Literatur war unter dem Zarismus, wie in keinem Lande und zu keiner Zeit, eine Macht im öffentlichen Leben geworden, und sie blieb ein Jahrhundert lang auf dem Posten, bis sie von der materiellen Macht der Volksmassen abgelöst, bis das Wort zum Fleisch ward. Die schöne Literatur war es, die dem halbasiatischen Despotenstaat einen Platz in der Weltkultur erobert, die vom Absolutismus aufgerichtete chinesische Mauer durchbrochen und eine Brücke zum Westen geschlagen hatte, um hier nicht nur als Nehmende, sondern auch als Gebende, nicht bloß als Schülerin, sondern auch als Meisterin zu erscheinen. Man braucht nur die drei Namen: Tolstoi, Gogol, Dostojewski zu nennen.

In seinen Erinnerungen charakterisiert Korolenko seinen Vater, einen Staatsbeamten aus der Zeit der Leibeigenschaft in Rußland als typischen Vertreter der Psychologie ehrlicher Leute jener Generation. Vater Korolenko fühlte sich lediglich für seine persönlichen Handlungen verantwortlich. Das nagende Gefühl der Verantwortlichkeit für das soziale Unrecht war im fremd. „Gott, Zar und Gesetz" waren für ihn über jede Kritik erhaben. Als Kreisrichter fühlte er sich nur berufen, die Gesetze mit peinlichster Gewissenhaftigkeit zur Anwendung zu bringen. „Daß die Gesetze selbst untauglich sein mögen, das schlägt in die Verantwortlichkeit des Zaren vor Gott, – er, der Richter, ist für die Gesetze so wenig verantwortlich, wie dafür, daß der Blitz vom hohen Himmel manchmal ein unschuldiges Kindlein erschlägt..." Die sozialen Zustände im ganzen gehörten für die Generation der 40er und 50er Jahre in Rußland in den Bereich des Elementaren, Unerschütterlichen; das widerstandslose Milieu wußte sich unter der Zuchtrute der Obrigkeit nur wie unter dem Anprall des Wirbelwindes zu beugen, hoffend und harrend, daß das Ungemach vorübergehen möge. „Ja", sagt Korolenko, „das war eine Weltanschauung aus einem Guß, eine Art unerschütterlichen Gleichgewichts der Gewissen. Ihre inneren Grundlagen wurden nicht durch Selbstanalyse unterwühlt, und die ehrlichen Leute jener Zeit kannten den tiefen inneren Zwiespalt nicht, der sich aus dem Gefühl der persönlichen Verantwortlichkeit für die ganze Gesellschaftsordnung ergibt." Nur eine solche Weltanschauung sei das echte Fundament des Gottesgnadentums, und solange diese Weltanschauung noch unerschütterlich bestehe, sei die Macht des Absolutismus groß.

Es wäre verfehlt, die von Korolenko charakterisierte Psychologie als spezifisch russisch oder nur mit der Periode der Leibeigenschaft verbunden zu betrachten. Jene Stimmung der Gesellschaft, die, frei von nagender Selbstanalyse und innerem Zwiespalt, die „gottgewollten Abhängigkeiten" wie etwas Elementares empfindet und die Fügungen der Geschichte als eine Art Himmelsschickung hinnimmt, für die man so wenig verantwortlich sei, wie dafür, daß der Blitz manchmal ein unschuldiges Kindlein erschlägt, kann sich mit verschiedensten politischen und sozialen Systemen vertragen. Sie ist auch in der Tat noch unter modernen Verhältnissen anzutreffen, sie war namentlich bezeichnend für die Psychologie der deutschen Gesellschaft während der ganzen Dauer des Weltkrieges.

In Rußland fing dieses „unerschütterliche Gleichgewicht der Gewissen" in breiten Kreisen der Intelligenz schon in den 60er Jahren zu bröckeln an. Korolenko schildert in anschaulicher Weise jenen geistigen Umschwung der russischen Gesellschaft, wobei er zeigt, wie gerade seine Generation die „leibeigene" Psychologie überwunden hatte und von einer neuen Zeitströmung ergriffen wurde, deren vorherrschende Note der „zernagende, qualvolle, aber schöpferische Geist der sozialen Verantwortlichkeit" war.

Diesen hohen Bürgersinn in der russischen Gesellschaft geweckt, die tiefste psychologische Wurzel des Absolutismus unterwühlt zu haben, ist das Verdienst der russischen Literatur. Sie hat ihrerseits von Anbeginn ihrer Laufbahn, seit Anfang des 19. Jahrhunderts, nie die soziale Verantwortlichkeit verleugnet, nie den zernagenden, qualvollen Geist der gesellschaftlichen Kritik vergessen.

Seit sie mit Puschkin und Lermontow in unvergleichlichem Glanz eine sichtbare Fahne vor der Gesellschaft aufgerollt hatte, war ihr Lebensprinzip der Kampf gegen Finsternis, Unkultur und Bedrückung. Sie rüttelte mit verzweifelter Kraft an den sozialen und politischen Ketten, scheuerte sich an ihnen wund und zahlte ehrlich die Kosten des Kampfes mit ihrem Herzblut.

In keinem anderen Lande ist eine so auffallende Kurzlebigkeit der hervorragendsten Vertreter der Literatur zu beobachten, wie in Rußland. Zu Dutzenden starben und verdarben sie im blühenden Mannesalter, fast noch im Jünglingsalter von 25, 27 Jahren, oder, wenn es hoch ging, kaum über 40 Jahre alt, durch den Strang, durch direkten oder als Duell verkleideten Selbstmord, Irrsinn, vorzeitige Erschöpfung. So der edle Freiheitsdichter Rylejew, der als Führer des Dekabristen-Aufstandes im Jahre 1826 hingerichtet wurde. So Puschkin und Lermontow, die genialen Schöpfer der russischen Dichtkunst, – beide Opfer des Duells – mit ihrem ganzen Kreis aufblühender Talente. So der Begründer der literarischen Kritik und Verfechter der Hegelschen Philosophie in Rußland, Bjelinski sowie Dobroljubow. So der ausgezeichnete, zarte Poet Kolzow, dessen Lieder vielfach, wie verwilderte Gärtnerblumen, in die russische Volkspoesie hineingewachsen sind. So der Schöpfer der russischen Komödie Gribojedow und sein größerer Nachfolger Gogol. So erst wieder in neuerer Zeit die beiden glänzenden Novellendichter Garschin und Tschechow. Andere schmachteten Jahrzehnte im Kerker, im Zuchthause, in der Verbannung, wie der Begründer der russischen Journalistik Novikow, wie die Dekabristen-Führer Bestuschew, wie Fürst Odojewski, Alexander v. Herzen, wie Dostojewski, Tschernyschewski, Schewtschenko, Korolenko.

Turgenjew erzählt gelegentlich, daß er zum ersten Mal irgendwo bei Berlin das Trillern der Lerche mit vollem Bewußtsein genossen habe. Diese beiläufige Bemerkung scheint mir sehr charakteristisch. Die Lerchen trillern in Rußland nicht weniger schön als in Deutschland. Das gewaltige Russische Reich birgt so viele und so mannigfaltige Naturschönheiten, daß ein empfängliches poetisches Gemüt auf jedem Schritt Gelegenheit findet, im Gefühl der Naturfreude restlos aufzugehen. Was einen Turgenjew an dem ungetrübten Genuß der Naturschönheit in seinem eigenen Vaterlande hinderte, war eben die peinigende Disharmonie der gesellschaftlichen Verhältnisse, das ständige drückende Gefühl der Verantwortlichkeit für die schreienden sozialen und politischen Zustände, das man nie loswerden konnte und das, tief im Innern bohrend, keinen Augenblick völligen Selbstvergessens aufkommen ließ. Erst im Auslande, wenn er die tausend niederdrückenden Bilder der Heimat hinter sich gelassen hatte und fremden Verhältnissen gegenüberstand, deren wohlgeordnete Außenseite und materielle Kultur den Russen seit jeher naiv imponierte, vermochte ein russischer Dichter sich unbekümmert, aus voller Brust, dem Gefühl der Naturfreude hinzugeben.

Nichts irriger freilich, als sich danach die russische Literatur als Tendenzkunst in rohem Sinne, schmetternde Freiheitsfanfare, Armeleutemalerei vorzustellen oder gar alle russischen Dichter für Revolutionäre, zum mindesten für Fortschrittler zu halten. Schablonen wie „Reaktionär" oder „Fortschrittler" besagen an sich in der Kunst noch wenig.

Dostojewski ist, zumal in seinen späteren Schriften, ausgesprochener Reaktionär, frömmelnder Mystiker und Sozialistenhasser. Seine Schilderungen der russischen Revolutionäre sind boshafte Karikaturen. Tolstois mystische Lehren schillern zum mindesten in reaktionären Tendenzen. Und doch wirken auf uns beide in ihren Werken aufrüttelnd, erhebend, befreiend. Das macht: nicht ihr Ausgangspunkt ist reaktionär, nicht sozialer Haß, Engherzigkeit, Kastenegoismus, Festhalten an dem Bestehenden beherrschen ihr Denken und Fühlen, sondern umgekehrt: weitherzigste Menschenliebe und tiefstes Verantwortlichkeitsgefühl für soziales Unrecht. Gerade der Reaktionär Dostojewski ist der künstlerische Anwalt der „Erniedrigten und Enterbten", wie der Titel eines seiner Werke lautet. Nur die Schlüsse, zu denen er wie Tolstoi, jeder in seiner Art, gelangen, nur der Ausweg, den sie aus dem gesellschaftlichen Labyrinth zu finden glauben, führt auf Abwege der Mystik und Askese. Doch beim wahren Künstler ist das soziale Rezept, das er empfiehlt, Nebensache: die Quelle seiner Kunst, ihr belebender Geist, nicht das Ziel, das er sich bewußt steckt, ist das Ausschlaggebende.

Ebenso kann man in der russischen Literatur, wenn auch in beträchtlich kleinerem Format, eine Richtung finden, die, statt der tiefen, weltumspannenden Ideen eines Tolstoi oder Dostojewski, bescheidenere Ideale: materielle Kultur, modernen Fortschritt, bürgerliche Tüchtigkeit propagiert. Zu den talentvollsten Vertretern dieser Richtung gehören von der älteren Generation Gontscharow, von der jüngeren Tschechow. Hat doch letzterer aus Oppositionsgeist gegen die asketisch-moralisierende Tendenz Tolstois seinerzeit den charakteristischen Ausspruch getan: Dampf und Elektrizität enthielten mehr Menschenliebe als geschlechtliche Keuschheit und Vegetarianismus. Aber auch diese etwas nüchterne „kulturträgerische" Richtung atmet in Rußland naturgemäß, nicht wie bei französischen oder deutschen Schilderern des juste milieu, satte Philistrosität und Plattheit, sondern jugendlichen, aufrüttelnden Drang zur Kultur, zur persönlichen Würde und Initiative. Zumal Gontscharow hat sich in seinem „Oblomow" zu einem Bild der menschlichen Indolenz aufgeschwungen, das in der Galerie der großen Menschheitstypen von allgemeiner Gültigkeit einen Platz verdient.

Es gibt in der russischen Literatur endlich auch Vertreter der Dekadenz. Eines der glänzendsten Talente der Gorki-Generation muß hierher gezählt werden: Leonid Andrejew, dessen Kunst eine schaudererregende, modrige Grabluft ausströmt, unter deren Hauch jeder Lebensmut welkt. Aber Wurzel und Wesen dieser russischen Dekadenz sind derjenigen eines Baudelaire oder eines D'Annunzio diametral entgegengesetzt. Hier liegt im Grunde nur Übersättigung mit der modernen Kultur, ein im Ausdruck höchst raffinierter, im Kern sehr robuster Egoismus, der keine Befriedigung im normalen Dasein mehr findet und deshalb nach giftigen Anregungsmitteln greift. Bei Andrejew fließt die Hoffnungslosigkeit aus einem Gemüt, das unter dem Ansturm niederdrückender sozialer Verhältnisse von Schmerz überwältigt ist. Andrejew hat, wie die Besten der russischen Literatur, tief in die mannigfachen Leiden der Menschheit geblickt. Er hat den japanischen Krieg, die erste Revolutionsperiode, die Schrecken der Konterrevolution 1907–11 erlebt und hat sie in erschütternden Bildern, wie „Das rote Lachen", „Die Geschichte von den sieben Gehängten" und andere mehr geschildert. Nun geht es ihm wie seinem „Lazarus", der, von der Küste des Schattenreiches zurückgekehrt, den Hauch des Grabes nicht mehr überwinden kann und unter Lebenden wandelt, als „ein vom Tode halbverspeister Brocken". Der Ursprung dieser Dekadenz ist typisch russisch: es ist das Übermaß an sozialem Mitgefühl, unter dem die Aktions- und Widerstandsfähigkeit des Individuums zusammenbricht.

Dieses soziale Mitgefühl ist es eben, was die Eigenart und künstlerische Größe der russischen Literatur bedingt. Ergreifen und erschüttern kann nur, wer selbst ergriffen und erschüttert ist. Talent und Genie sind freilich in jedem einzelnen Falle eine „Gabe Gottes". Aber das größte Talent allein reicht zur nachhaltigen Wirkung nicht aus. Wer dürfte dem Abbate Monti Talent oder sogar Genie absprechen, der in Danteschen Terzinen bald die Ermordung des Gesandten der französischen Revolution durch den römischen Pöbel, bald die Siege dieser Revolution selbst, bald die Österreicher, bald das Direktorium, bald, auf der Flucht vor den Russen, den tollen Suwarow, dann wieder Napoleon und wieder den Kaiser Franz besang, jederzeit jedem Sieger mit Nachtigallentönen ins Ohr schluchzend. Wer möchte das große Talent eines Sainte-Beuve, des Schöpfers des literarischen Essays, in Abrede stellen, der mit seiner blendenden Feder so ziemlich in allen politischen Lagern Frankreichs nacheinander Dienste tat, um heute zu verbrennen, was er gestern anbetete, und umgekehrt.

Zur bleibenden Wirkung, zur wirklichen Erziehung der Gesellschaft gehört mehr als Talent: dichterische Persönlichkeit, Charakter, Individualität, die im Felsgrund einer geschlossenen großen Weltanschauung verankert sind. Die Weltanschauung ist es eben, das fein vibrierende soziale Gewissen der russischen Literatur, das ihren Blick für die Psychologie der verschiedenen Charaktere, Typen, sozialen Lagen der Menschen so außerordentlich geschärft, es ist das schmerzlich zuckende Mitfühlen, das ihr bei ihren Schilderungen Farben von dieser leuchtenden Pracht eingegeben, es ist das rastlos Suchende, über die gesellschaftlichen Rätsel Grübelnde, was sie befähigt hat, den gesellschaftlichen Bau in seiner ganzen Größe und inneren Verschlungenheit mit künstlerischem Auge zu erschauen und in gewaltigen Werken festzuhalten.

Mord und Verbrechen passieren überall und alle Tage. „Der Friseurgehilfe X hat die Rentiere Y ermordet und beraubt. Die Strafkammer Z hat ihn zum Tode verurteilt." Solche Notizen von drei Zeilen „aus dem Reich" liest jeder in seiner Morgenzeitung, streift sie mit gleichgültigem Blick, um weiter nach den letzten Nachrichten vom Rennplatz oder nach dem neuen Wochenspielplan der Theater zu suchen. Wer außer der Kriminalpolizei, den Staatsanwälten und Statistikern interessiert sich für Mordfälle? Höchstens der Detektivroman und das Kinodrama.

Dostojewski ist durch die Tatsache, daß ein Mensch einen Menschen ermorden kann, daß solches alle Tage neben uns, mitten in unserer „Zivilisation", Wand an Wand mit unserem bürgerlichen Hausfrieden, passieren kann, bis auf den Grund der Seele erschüttert. Wie für Hamlet durch das Verbrechen seiner Mutter alle Bande der Menschheit aufgelöst, die Welt aus den Fugen ist, so für Dostojewski angesichts der Tatsache, daß ein Mensch einen Menschen ermorden kann. Er findet keine Ruhe, er fühlt die Verantwortung, die auf ihm, wie auf jedem von uns, für dies Entsetzliche lastet. Er muß sich die Psyche des Mörders klar machen, seinen Leiden, seinen Qualen bis in die verborgenste Falte seines Herzens nachspüren. Er hat diese Foltern alle durchgekostet und ist geblendet durch die furchtbare Erkenntnis: Der Mörder ist selbst das unglücklichste Opfer der Gesellschaft. Nun ruft Dostojewski mit furchtbarer Stimme Alarm, er weckt uns aus der stupiden Gleichgültigkeit des zivilisierten Egoismus, der den Mörder dem Kriminalkommissar, dem Staatsanwalt und dem Henker oder dem Zuchthaus überantwortet und damit erledigt zu haben wähnt. Dostojewski zwingt uns, alle Martern des Mörders mitzuerleben und wirft uns zum Schluß vernichtet zu Boden: wer einmal seinen Raskolnikow, wer das Verhör Dimitri Karamasows in der Nacht nach der Ermordung seines Vaters, wer die „Memoiren aus dem toten Hause" erlebt hat, wird sich nie in das Schneckenhaus des Philistertums und des selbstzufriedenen Egoismus mehr zurückfinden können. Die Romane Dostojewskis sind die furchtbarste Anklage gegen die bürgerliche Gesellschaft, der er ins Gesicht schleudert: der wahre Mörder, der Mörder der Menschenseelen, bist du!

Niemand versteht an der Gesellschaft für ihre an dem Einzelnen begangenen Verbrechen so grausame Rache zu nehmen, sie so raffiniert auf die Folter zu spannen, wie Dostojewski, – dies sein spezifisches Talent. Aber alle führenden Geister der russischen Literatur empfinden ebenso den Mord als eine Anklage gegen die bestehenden Verhältnisse, als ein Verbrechen an dem Mörder als Menschen, für das wir alle – jeder Einzelne – verantwortlich sind. Daher kehren die größten Talente wie fasziniert immer wieder zum Thema des großen Kriminalverbrechens zurück, um es uns in höchsten Kunstwerken vor die Augen zu führen, uns aus der gedankenlosen Ruhe aufzuscheuchen: Tolstoi in der „Macht der Finsternis“ und in der „Auferstehung“, Gorki im „Nachtasyl“ und in den „Drei Menschen“, Korolenko in der Erzählung „Der Wald rauscht“ und in seinem wunderbaren sibirischen „Totschläger“.

Die Prostitution ist so wenig eine spezifisch russische Erscheinung wie die Tuberkulose; sie ist vielmehr die internationalste Einrichtung des gesellschaftlichen Lebens. Nur daß auch sie, trotzdem sie mitten im modernen Leben eine beinahe beherrschende Rolle spielt, offiziell, im Sinne der konventionellen Lüge, nicht als normaler Bestandteil der heutigen Gesellschaft gilt, sondern als angeblich außerhalb ihrer Pfähle befindlich, als ihr Auswurf behandelt wird. Die russische Literatur behandelt die Prostituierte nicht in dem pikanten Stil eines Boudoir-Romans oder mit weinerlicher Sentimentalität der Tendenzbücher, auch nicht als eine geheimnisvolle reißende Bestie, einen „Erdgeist“. Keine Literatur der Welt enthält Schilderungen von grausamerem Realismus, als das grandiose Bild der Orgie in den Karamasows oder die Tolstoische „Auferstehung“. Der russische Künstler sieht aber in der Prostituierten bei alledem nicht die „Gefallene“, sondern einen Menschen, dessen Psyche, Leiden und innere Kämpfe all sein Mitgefühl beanspruchen. Er adelt die Prostituierte und verschafft ihr Genugtuung für das an ihr begangene Verbrechen der Gesellschaft, indem er sie mit den holdesten und reinsten Typen der Weiblichkeit um das Herz des Mannes wetteifern läßt, er krönt ihr Haupt mit Rosen und erhebt sie, wie Mahadö die Bajadere, aus dem Fegefeuer ihrer Korruption und ihrer seelischen Qualen in die Höhe sittlicher Reinheit und weiblichen Heldentums.

Doch nicht nur krasse Sondererscheinungen auf dem grauen Hintergrund des Alltagslebens, auch dieses Leben selbst, der Durchschnittsmensch mit seiner Misere flößen dem sozial geschärften Blick der russischen Literatur ein tiefes Interesse ein. „Menschliches Glück“, sagt Korolenko in einer seiner Erzählungen, „ehrliches menschliches Glück hat für die Seele etwas Heilendes und Aufrichtendes. Und ich denke mir immer, wissen Sie, daß die Menschen eigentlich v e r p f l i c h t e t sind, glücklich zu sein.“ In einer anderen Erzählung, die „Ein Paradox“ betitelt ist, legt er einem ohne Arme geborenen Krüppel die Worte in den Mund: „Der Mensch ist für das Glück geschaffen, wie der Vogel zum Fliegen.“ Im Munde der elenden Mißgeburt ist eine solche Maxime ein offensichtliches „Paradox“. Für Tausende und Millionen von Menschen sind es aber nicht zufällige körperliche Gebrechen, sondern soziale Verhältnisse,die den menschlichen „Beruf zum Glück“ ebenso paradoxal erscheinen lassen.
Die Bemerkung Korolenkos enthält in der Tat ein wichtiges Stück sozialer Hygiene: Glück macht die Menschen geistig gesund und rein, wie Sonnenlicht über einem offenen See am wirksamsten das Wasser desinfiziert. Damit ist auch gesagt, daß in abnormen sozialen Verhältnissen – und abnorm sind im Grunde genommen alle auf sozialer Ungleichheit basierten Verhältnisse – die verschiedenartigsten Seelenverkrüppelungen zur Massenerscheinung werden müssen. Unterdrückung, Willkür, Unrecht, Armut, Abhängigkeit und auch eine zur einseitigen Spezialisierung führende Arbeitsteilung als ständige Einrichtungen modeln die Menschen geistig in bestimmter Weise, und zwar auf beiden Polen: der Unterdrücker wie der Unterdrückte, der Tyrann wie der Kriecher, der Protz wie der Schmarotzer, der rücksichtslose Streber wie der indolente Bärenhäuter, der Pedant wie der Hanswurst sind gleichermaßen Produkte und Opfer ihrer Verhältnisse.

Gerade diese besonderen psychologischen Abnormitäten, sozusagen der schiefe Wuchs der Menschenseele unter der Einwirkung alltäglicher gesellschaftlicher Verhältnisse haben bei Gogol, Dostojewski, Gontscharow, Saltykow, Uspenski, Tschechow und anderen Schilderungen von Balzacscher Wucht gefunden. Die Tragödie der Trivialität eines ganz gewöhnlichen Alltagsmenschen, wie sie Tolstoi in „Iwan Iljitschs Tod" geliefert hat, steht wohl einzig in der Weltliteratur da.

Namentlich aber für die Kategorie jener kleinen Schelme, die, ohne bestimmten Beruf, untauglich zum richtigen Erwerb, zwischen Schmarotzerdasein und gelegentlichen Konflikten mit dem Strafkodex herumgeworfen, den Abfall der bürgerlichen Gesellschaft bilden und von dieser Gesellschaft im Westen durch die bündige Tafel: „Betteln, Hausieren, Musizieren verboten" von der Schwelle gewiesen werden, für diese Kategorie vom Typus des Ex-Beamten Popkow im vorliegenden Buche, findet die russische Literatur seit jeher ein lebhaftes künstlerisches Interesse und ein gutmütiges Lächeln des Verständnisses. Mit Dickensscher Warmherzigkeit, aber ohne seine gut bourgeoise Sentimentalität, vielmehr mit großzügigem Realismus, rechnen die Turgenjew, Uspenski, Korolenko, Gorki all diese „Schiffbrüchigen", ebenso wie den Verbrecher, wie die Prostituierte, einfach zur menschlichen Gesellschaft als Gleichberechtigte mit und erzielen gerade dank dieser weitherzigen Auffassung Schöpfungen von größter künstlerischer Wirkung.

Mit besonderer Zärtlichkeit und Feinheit wird in der russischen Literatur die Kinderwelt geschildert, wie bei Tolstoi im „Krieg und Frieden" und in der „Anna Karenina", bei Dostojewski in den „Karamasows", bei Gontscharow im „Oblomow", bei Korolenko in den Erzählungen „In schlechter Gesellschaft" und „Des Nachts", bei Gorki in den „Drei Menschen". Es gibt einen Roman von Zola „Page d´amour" aus dem Zyklus Rougon-Macquart, in dem das seelische Drama eines vernachlässigten Kindes im Mittelpunkt der Handlung steht und in ergreifender Weise geschildert ist. Hier ist aber das von Geburt kränkliche, hypersensible Mädchen, das, durch einen kurzen egoistischen Liebesrausch der Mutter tödlich ins Herz getroffen, wie eine kaum erschlossene Knospe verdorrt, doch nur ein „Beweismittel" des Zolaschen experimentellen Romans, ein Mannequin, an dem die These der Vererbung dargestellt wird.

Für die Russen ist das Kind und dessen Psyche ein selbständiges vollwertiges Objekt des künstlerischen Interesses, ein ebensolches menschliches Individuum wie der Erwachsene, nur natürlicher, unverdorbener und namentlich wehrloser gegen die sozialen Einflüsse. Wer einen von diesen Kleinen ärgert, dem wäre besser, ihm würde ein Mühlstein an den Hals gehängt usw. Die heutige Gesellschaft „ärgert" aber Millionen dieser Kleinen, indem sie ihnen das Kostbarste und Unersetzlichste raubt, was ein Mensch sein eigen nennen kann: eine glückliche, sorglose, harmonische Jugend.

Als Opfer der gesellschaftlichen Verhältnisse steht die Kinderwelt mit ihren Leiden und Freuden dem Herzen des russischen Künstlers besonders nahe und wird von ihm nicht in dem falschen spielerischen Ton behandelt, mit dem die Erwachsenen spielerischen Ton behandelt, mit dem die Erwachsenen zumeist zur Welt der Kinder herabsteigen zu müssen glauben, sondern im aufrichtigen und ernsten Ton der Kameradschaft, ohne jede unbegründete Selbstüberhebung des Alters, ja, mit innerer Scheu und Ehrfurcht vor dem unberührt Menschlichen, das in jeder Kinderseele schlummert, wie vor dem Golgathaweg des Lebens, der vor jedem Kinde offen liegt.

Ein wichtiges Symptom des geistigen Lebens der Kulturvölker ist die Stellung, die der Satire in ihrer Literatur zukommt. Deutschland und England sind in dieser Hinsicht die zwei Gegenpole der europäischen Literatur. Um den Faden von Hutten bis Heine zu spannen, müßte man schon Grimmelshausen zu den Satirikern rechnen, was doch nur bedingt angeht. Und auch dann bieten die Zwischenglieder das Bild eines erschreckenden Niedergangs im Verlaufe von drei Jahrhunderten. Von dem genial-phantastischen Fischart mit seiner strotzenden Natur, in der man deutlich den Hauch der Renaissance spürt, zu dem nüchtern-barocken Moscherosch; und von Moscherosch, der immerhin die Großen keck am Bart zauste, zu dem kleinen Philister Rabener, – welcher Verfall! Rabener, der sich über die „Verwägenheit“ jener Leute ereifert, die fürstliche Personen, Geistlichkeit und „obere Stände“ lächerlich zu machen sich erdreisten, während doch ein braver deutscher Satiriker vor allem lernen müsse, „ein guter Untertan“ zu sein, hat denn auch die sterbliche Stelle der deutschen Satire bloßgelegt. In der nachmärzlichen Literatur fehlt die Satire höheren Stils so gut wie ganz. In England hat die satirische Gattung seit Beginn des 18. Jahrhunderts, seit der großen Revolution, einen beispiellosen Aufschwung genommen. Nicht nur hat die englische Literatur eine Reihe solcher Meister, wie Mandeville, Swift, Sterne, Sir Philip Francis, Byron, Dickens hervorgebracht, in welcher Korona natürlich Shakespeare für die Falstafffigur allein der erste Platz gebührt: die Satire ist hier aus einem Privilegium der Geistesheroen zum Allgemeingut, sie ist sozusagen nationalisiert worden. In politischen Pamphleten, Libellen, Parlamentsreden, Zeitungsartikeln funkelt sie seit jeher ebenso wie in der Dichtkunst auf. Sie ist so sehr tägliches Brot, normale Luft der Engländer geworden, daß man zum Beispiel in den Höheren-Töchter-Erzählungen einer Croker mitunter ebenso ätzende Schilderungen der englischen Aristokratie finden kann, wie bei Wilde, Shaw oder Galsworthy.

Häufig wird diese Blüte der satirischen Gattung aus der alten politischen Freiheit Englands abgeleitet und durch sie erklärt. Ein Blick auf die russische Literatur, die in dieser Hinsicht neben die englische gestellt werden kann, beweist, daß es nicht sowohl auf die Verfassung eines Landes, wie auf den Geist der Literatur, nicht auf die Institutionen, sondern auf die Gesinnung der führenden Kreise der Gesellschaft ankommt.

In Rußland hat sich die Satire seit der Entstehung der modernen Literatur aller ihrer Gebiete bemächtigt und auf jedem Hervorragendes geleistet. Puschkins Poem „Eugen Onegin“, Lermontows Novellen und Epigramme, Krylows Fabeln, Ostrowskis und Gogols Komödien, Nekrassows Gedichte – sein satirisches Epos „Wer lebt in Rußland frei und glücklich“ gibt selbst in der schwierigen deutschen Übersetzung* einen Begriff von der köstlichen Frische und Farbigkeit seiner Schöpfungen, – sind ebensoviele Meisterwerke, jedes in seiner Art. Endlich hat die russische Satire in Saltykow (Schtschedrin) ein Genie hervorgebracht, das für die grimmige Geißelung des Absolutismus und der Bürokratie eine ganz eigenartige literarische Form, eine eigene unübersetzbare Sprache erfunden und die geistige Entwicklung der Gesellschaft in tiefgreifender Weise beeinflußt hat.

So vereinigt die russische Literatur mit hohem sittlichem Pathos künstlerisches Verständnis für die ganze Tonleiter menschlicher Empfindungen, so hat sie mitten in dem großen Gefängnis, in der materiellen Armut des Zarismus ein eigenes Reich geistiger Freiheit und üppiger Kultur geschaffen, in dem man atmen und an den Interessen und geistigen Strömungen der Kulturwelt teilnehmen konnte. Dadurch vermochte sie auch eine soziale Macht in Rußland zu bilden, Generation um Generation zu erziehen und für die Besten, wie Korolenko, zur wahren Heimat zu werden.

II

Korolenko ist eine durchaus poetische Natur. Um seine Wiege brauen dichte Nebel des Aberglaubens. Nicht des korrupten Aberglaubens der modernen großstädtischen Dekadenz, wie er z. B. in Berlin im Spiritismus, Kartenlegen und Gesundbeten unausrottbar sein Wesen treibt, sondern des naiven

* *In Reclams Universalbibliothek*

Aberglaubens der Volkspoesie, der so rein ist und würzig-duftend, wie der freie Wind der ukrainischen Steppe und die Millionen wilde Schwertlilien, Schafgarben und Salvien, die dort in mannshohem Grase wuchern. In der gruseligen Atmosphäre der Gesindestube und des Kinderzimmers im Elternhause Korolenkos spürt man deutlich, daß seine Wiege in nächster Nachbarschaft von dem Zauberlande Gogols stand, mit seinen Erdgeistern, Hexen und dem heidnischen Weihnachtsspuk.

Auch in Harnyj Lug wird man lebhaft an die Gogolsche Welt, an die Mirgoroder Schildbürger Iwan Iwanowitsch und Iwan Nikiforowitsch erinnert, nur noch mit starkem polnischem Einschlag, da Wolhynien doch auch Nachbarland Litauens ist, der Heimat des ehemaligen polnischen Krautjunkertums und dessen unsterblichen Barden Adam Mizkiewitsch.

Korolenko ist eben seiner Abstammung nach Pole, Ukrainer und Russe zugleich, und schon als Kind mußte er dem Ansturm der drei „Nationalismen" standhalten, von denen jeder ihm zumutete, „irgend jemanden zu hassen und zu verfolgen". An der gesunden Menschlichkeit des Knaben scheiterten frühzeitig alle derartigen Versuchungen. Die polnischen Traditionen wehten ihn nur als letzter ersterbender Hauch einer geschichtlich überwundenen Vergangenheit an. Von dem ukrainischen Nationalismus fühlte sein gerader Sinn sich durch das Gemisch von maskeradenhaftem Geckentum und reaktionärer Romantik abgestoßen. Und die brutalen Methoden der offiziellen Russifizierungspolitik gegenüber den unterdrückten Polen wie den Unierten in der Ukraine waren eine wirksame Warnung vor dem russischen Chauvinismus für ihn, den zarten Knaben, der stets instinktiv zu den Schwachen und Bedrückten, nicht zu den Starken und Triumphierenden sich hingezogen fühlte. Aus dem Widerstreit der drei Nationalitäten, dessen Feld seine wolhynische Heimat war, rettete er sich in die Humanität.

Mit 17 Jahren vaterlos und materiell ganz auf sich gestellt, geht er nach Petersburg, um sich in den Strudel des Universitätslebens und der politischen Gärung zu stürzen. Nach dreijährigem Studium am Technikum zieht er auf die Landwirtschaftliche Akademie in Moskau. Allein schon nach zwei Jahren werden seine Lebenspläne, wie bei so manchem seiner Generation, durch die „höhere Gewalt" durchkreuzt. Korolenko wird als Teilnehmer und Wortführer einer Studentendemonstration verhaftet, von der Akademie relegiert und nach dem Gouvernement Wologda im Norden des europäischen Rußlands verschickt, später zum Domizil unter polizeilicher Aufsicht nach Kronstadt entlassen.

Nach Jahren kehrt er nach Petersburg zurück, um wieder Lebenspläne zu bauen, erlernt hier das Schuhmacherhandwerk, um im Sinne seiner Ideale den arbeitenden Volksschichten näher zu treten und zugleich eine vielseitige Entwicklung der eigenen Individualität zu fördern, wird jedoch im Jahre 1879 abermals verhaftet und diesmal weiter nordöstlich, nach dem Gouvernement Wjatka, in ein ganz weltentlegenes Nest verschickt.

Auch damit findet sich Korolenko mit heiterer Laune ab. Er sucht sich in dem neuen Verbannungsort schlecht und recht einzurichten und betreibt fleißig sein neuerlerntes Handwerk, um auf diese Weise auch seinen Unterhalt zu bestreiten. Doch die Ruhe sollte ihm nicht lange gegönnt werden. Plötzlich wird er ohne jeden ersichtlichen Grund nach Westsibirien überführt,von da wieder nach Perm, von Perm aber nach dem äußersten Osten Sibiriens.

Allein auch hier war seinen Wanderungen noch kein Ziel gesetzt. Im Jahre 1881 trat, nach dem Attentat auf Alexander II., der neue Zar Alexander III. auf den Thron. Korolenko, der inzwischen Eisenbahnbeamter geworden war, leistete zusammen mit dem übrigen Dienstpersonal den üblichen Eid an die neue Regierung. Dies wurde jedoch nicht für genügend erachtet. Er sollte auch als Privatperson, als „politischer Verbannter" den Treueid leisten. Korolenko wies – wie alle anderen Verbannten – diese Zumutung ab und wurde dafür nach den Eiswüsten des Distrikts Jakutsk verschickt.

Es war dies zweifellos eine „leere Demonstration“, so wenig demonstrativ sie von Korolenko gemeint war. Ob ein einsamer Verbannter irgendwo in der sibirischen Taiga, in der Nähe des Polarkreises, der Zarenregierung seinen Untertaneneid schwor oder nicht, das änderte materiell und unmittelbar an den bestehenden Verhältnissen nicht das geringste. Es war aber im zaristischen Rußland Brauch, dergleichen leere Demonstrationen zu machen. Übrigens nicht in Rußland allein. War denn das eigensinnige Eppùr si muove Galileo Galileis nicht eine ebensolche leere Demonstration, ohne andere praktische Wirkung, als die Rache der Heiligen Inquisition an dem gefolterten und eingekerkerten Manne? Und doch ist für Tausende von Menschen, die von der kopernikanischen Lehre nur die nebelhafteste Vorstellung haben, der Name Galileis für immer an jene schöne Geste geknüpft, an der es ganz nebensächlich ist, daß sie nicht einmal stattgefunden hat. Eben die Legenden, mit denen die Menschheit ihre Helden zu schmücken liebt, sind ein Beweis, wie sehr ihr dergleichen „leere Demonstrationen“, trotz ihres unwägbaren materiellen Nutzens, im geistigen Gesamthaushalt ein unentbehrlicher Posten sind.

Vier Jahre mußte Korolenko für seine Eidesverweigerung in einer elenden Niederlassung halbwilder Nomaden, am Ufer des Aldan, eines Nebenflusses der Lena, mitten im sibirischen Urwald, bei Wintertemperaturen von 40–45 Kältegraden büßen. Doch alle Entbehrungen, Einsamkeit, die düstere Szenerie der Taiga, elende Umgebung, Abgeschiedenheit von der Kulturwelt vermochten der geistigen Elastizität und dem sonnigen Temperament Korolenkos nichts anzuhaben. Er nimmt eifrig an dem kümmerlichen Leben und den Interessen der Jakuten teil, ackert fleißig, mäht Heu und melkt Kühe, im Winter verfertigt er für die Eingeborenen Schuhwerk oder auch Heiligenbilder... Über diese Periode des „Lebendigbegrabenseins“, wie George Kennan das Dasein der Verbannten in Jakutsk nannte, berichtet Korolenko später in seinen Skizzen ohne Klage, ohne jede Bitterkeit, ja, mit Humor, in Bildern von zartester, poetischer Schönheit. Sein dichterisches Talent reift indessen, und er sammelt eine reiche Beute an Natureindrücken und psychologischen Beobachtungen.

1885, endlich zurückgekehrt aus der Verbannung, die ihn mit kurzer Unterbrechung fast zehn Jahre seines Lebens gekostet hat, veröffentlicht er eine kleine Erzählung, die ihn mit einem Schlage unter die Meister der russischen Literatur reiht: „Makars Traum“. In der bleiernen Atmosphäre der 80er Jahre wirkte diese erste ganz reife Frucht des jungen Talents wie das erste Lerchenlied an einem grauen Februartag. In rascher Folge reihten sich nun weitere Skizzen und Erzählungen an: „Aufzeichnungen eines sibirischen Touristen“, „Der Wald rauscht“, „Dem Heiligenbilde nach“, „In der Nacht“, „Jom Kippur“, „Der Fluß schäumt“ und viele andere. Sie alle weisen dieselben Grundzüge des Korolenkoschen Schaffens auf: Zauberhafte Landschafts- und Stimmungsmalerei, liebenswürdige, frische Natürlichkeit und warmherziges Interesse für die „Erniedrigten und Enterbten“.

Diese starke soziale Note in Korolenkos Schriften hat jedoch gar nichts Lehrhaftes, Streitbares, Apostolisches an sich, wie etwa bei Tolstoi. Sie ist einfach ein Teil seiner Liebe zum Leben, seines gütigen Naturells, seines sonnigen Temperaments. Bei aller Großzügigkeit und Weitherzigkeit der Ansichten, bei aller Abneigung dem Chauvinismus gegenüber, ist Korolenko durch und durch ein *russischer* Dichter, vielleicht der nationalste unter den großen Prosaikern der russischen Literatur. Er liebt nicht bloß sein Land, er ist in Rußland verliebt wie ein Jüngling, verliebt in seine Natur, in die intimen Reize jeder Gegend des Riesenreiches, in jedes schläfrige Flüßchen und jedes stille, waldumsäumte Tal, verliebt in das einfache Volk, seine Typen, seine naive Religiosität, seinen urwüchsigen Humor und seinen grübelnden Tiefsinn. Nicht in der Stadt, nicht im bequemen Eisenbahnabteil, nicht im Rummel und in der Hast des modernen Kulturlebens: nur auf der Landstraße fühlt er sich in seinem Element. Mit Rucksack und selbstgeschnittenem Wanderstab, „in leichtem Wanderschweiße“ fürbaß ausschreiten, sich dem Zufall hingeben, bald einem Trupp frommer Pilger zum wundertätigen Heiligenbild folgen, bald am Flußufer gelagert bei nächtlichem Feuer mit Fischern plaudern, bald auf einem schläfrig dahinkriechenden, kleinen, defekten Dampfschiff, in eine bunte Menge Bauern, Holzhändler, Soldaten, Bettler gemischt, ihre Gespräche belauschen, – das ist die Lebensweise, die ihm am besten behagt. Und er bleibt auf diesen Wanderungen nicht bloß Beobachter, wie Turgenjew, der feine, gepflegte Aristokrat. Korolenko kostet es gar keine Mühe, mit Leuten aus dem Volke nach wenigen Worten Fühlung zu bekommen, ihren Ton zu treffen, in der Menge unterzutauchen.

Fast ganz Rußland hat er auf diese Weise kreuz und quer zu Fuß durchwandert. Hier sog er auf jeden Schritt den Zauber der Natur, die naive Poesie der Primitivität ein, die auch Gogol ein Lächeln entlockte. Hier beobachtete er mit Entzücken das elementare fatalistische Phlegma des russischen Volkes, das in ruhigen Zeiten unerschütterlich und unerschöpflich scheint, um in Augenblicken des Sturmes in Heldenmut, Größe und stahlharte Kraft umzuschlagen – ganz wie jener liebliche Fluß seiner Erzählung, der bei gewöhnlichem Wasserstand sanft und demütig dahinplätschert, bei Hochwasser aber zu einem stolzen, ungeduldigen, prächtig drohenden Strom anschwillt. Hier, im unmittelbaren und ungezwungenen Verkehr mit der Natur und dem einfachen Volke, füllte Korolenko sein Tagebuch mit frischen, farbigen Eindrücken, die fast unverändert, noch von blinkenden Tautropfen bedeckt, von Erdgeruch umweht, seine Skizzen und Novellen ergaben.

Ein eigenartiges Produkt der Korolenkoschen Feder ist „der blinde Musiker“. Anscheinend ein rein psychologisches Experiment, behandelt das Werk, streng genommen, kein künstlerisches Thema. Angeborene Krüppelhaftigkeit kann zwar Quelle vieler Konflikte im menschlichen Leben werden, ist aber selbst jenseits des menschlichen Wollens und Handelns, jenseits von Schuld und Sühne, ausgenommen etwa die Fälle, wo sie als Erbstück das Verschulden der Eltern zum Fluche der Kinder macht. Deshalb werden körperliche Gebrechen sowohl in der Literatur wie in der bildenden Kunst nur episodisch behandelt, entweder in satirischer Absicht, um die geistige Häßlichkeit einer Gestalt noch verächtlicher zu machen, wie im Falle des Thersites bei Homer (auch etwa der stotternde Richter in den Komödien Molières und Beaumarchais'), oder mit gutmütig-humoristischem Einschlag, wie auf den Genrebildchen der niederländischen Renaissance, z. B. auf der Krüppelskizze von Cornelis Dussart.

Anders bei Korolenko: Das seelische Drama des Blindgeborenen, der von einem unwiderstehlichen Drang zum Licht gepeinigt wird, ohne ihn je befriedigen zu können, steht hier im Mittelpunkt des Interesses, und die Lösung, die ihm Korolenko gibt, führt unerwartet wieder auf den Grundton seiner Kunst wie der russischen Literatur überhaupt. Sein blinder Musiker erlebt eine geistige Wiedergeburt, er wird geistig „sehend“, indem er aus dem Egoismus seines eigenen ausweglosen Leides heraustritt, um sich zum Sprachrohr der Leibes- und Seelennot aller Blinden zu machen. Den Höhepunkt der Studie bildet das erste öffentliche Wohltätigkeitskonzert des Blinden, der auf seinem Instrument unerwartet die bekannte Melodie der blinden Bänkelsänger in Rußland variiert und zum Thema einer Improvisation macht, die das aufhorchende Publikum in einer Aufwallung heißen Mitleids erbeben läßt. Das soziale Element, die Solidarität mit dem Massenleid ist hier das Rettende und Lichtspendende für den Einzelnen wie für die Allgemeinheit.

III

Der polemische Charakter der russischen Literatur bringt es mit sich, daß sie die Grenzen zwischen der Belletristik und der publizistischen Produktion bei weitem nicht so streng zieht, wie dies heute im Westen der Fall ist. In Rußland fließt häufig das eine in das andere über, wie auch in Deutschland in jener Zeit, da Lessing dem Bürgertum die Wege wies und ihm Theaterkritik, Drama, philosophisch-theologische Streitschrift, ästhetische Abhandlung abwechselnd dazu dienten, einer neuen Weltanschauung die Bahn zu brechen. Nur daß Lessing, was die Tragik seines Schicksals war, ein Einsamer und Unverstandener zeitlebens blieb, während in Rußland eine lange Reihe hervorragender Talente die verschiedensten Domänen der Literatur abwechselnd als Vorkämpfer einer freien Weltanschauung beackerten. Alexander v. Herzen vereinigte mit einem namhaften Talent als Romanschriftsteller eine geniale journalistische Feder und verstand es, mit seiner „Glocke" in den 50er und 60er Jahren vom Auslande aus das ganze denkende Rußland wachzuläuten. Der alte Hegelianer Tschernyschewski tummelte sich mit gleicher Frische und Kampflust auf dem Gebiete der publizistischen Polemik, des philosophischen Traktats, der nationalökonomischen Abhandlung und des Tendenzromans. Die literarische Kritik als ein hervorragendes Mittel, die Reaktion in allen ihren Schlupfwinkeln zu bekämpfen und eine fortschrittliche Ideologie systematisch zu propagieren, fand, nach Bjelinski und Dobroljubow, einen glänzenden Vertreter in Michajlowski, der jahrzehntelang die öffentliche Meinung beherrschte und namentlich auch auf die geistige Entwicklung Korolenkos einen großen Einfluß ausübte. Tolstoi hat sich, neben dem Roman, der Erzählung und dem Drama, des moralisierenden Märchens und des polemischen Pamphlets für seine Ideen bedient. Korolenko seinerseits vertauschte immer wieder Pinsel und Palette des Künstlers mit der Klinge des Journalisten, um zu aktuellen Fragen des sozialen Lebens Stellung zu nehmen und in die Kämpfe des Tages unmittelbar einzugreifen.

Zu den ständigen Einrichtungen des alten zaristischen Rußlands gehört chronische Hungersnot so gut wie Trunksucht, Analphabetentum und Budgetdefizit. Als eine Frucht der eigentümlich gestalteten „Bauernreform" bei der Aufhebung der Leibeigenschaft, der erdrückenden Steuerlast und der äußersten Rückständigkeit der landwirtschaftlichen Technik, suchte die Mißernte alle paar Jahre während des ganzen achten Dezenniums die Bauernschaft heim. Das Jahr 1891 brachte die Krönung: in 20 Gouvernements folgte auf eine außerordentliche Dürre totale Mißernte und eine Hungersnot von wahrhaft alttestamentarischen Dimensionen.

In der offiziellen Enquete über den Ausfall der Ernte befand sich, unter den mehr als siebenhundert Antworten aus den verschiedensten Gegenden, die folgende Schilderung aus der Feder eines schlichten Geistlichen eines der zentralen Gouvernements: „Seit drei Jahren schleicht sich die Mißernte heran, ein Ungemach nach dem andern kommt über den Landmann. Die Raupenplage ist da, Heuschrecken fressen das Korn auf, Würmer benagen es, Käfer vertilgen den Rest. Die Ernte ist auf dem Felde vernichtet, die Saat in der Scholle verdorrt, die Scheunen stehen leer, das Brot ist aus. Tiere ächzen und fallen hin, Rinderherden schleppen sich matt, Schafe verschmachten, kein Futter gibt es für sie … Millionen Bäume, zehntausende Landhäuser sind ein Raub der Flammen geworden. Eine Feuerwand und Rauchsäulen standen um uns ringsherum … Wie es beim Propheten Zephanja heißt: Alles werde ich vom Antlitz der Erde vertilgen, sagt der Herr, Menschen, Rinder und wildes Getier, Vögel und Fische. Welche Mengen vom gefiederten Reich sind bei den Waldbränden, wieviel Fische in den seichten Gewässern umgekommen! … Der Elch ist von unseren Wäldern geflüchtet, der Marder ist verschwunden, das Eichhörnchen ist umgekommen. Geschlossen hat sich der Himmel und ward wie Erz, kein

Tau fällt mehr hernieder, nur Dürre und Feuer. Verdorrt sind Fruchtbäume, Gräser und Blumen, keine Himbeere reift mehr, keine Blaubeere, Brombeere noch Preiselbeere weit und breit, alle Torfmoore und Sümpfe sind ausgebrannt … Wo bist du, frisches Waldesgrün, wo köstliche Luft, wo Balsamduft der Fichten, die ihr dem Kranken Heilung brachtet? Alles ist hin!"

Der Schreiber bat zum Schluß als erfahrener russischer „Untertan" ergebenst, ihn für die obige Schilderung „nicht zur Verantwortung ziehen zu wollen" …

Die Befürchtung des guten Dorfpopen war nicht unbegründet: eine mächtige Adelsfronde erklärte – so unglaublich das klingt – die ganze Hungersnot für böswillige Erfindung von „Aufwieglern" und jegliche Hilfsaktion für überflüssig…

Nun entbrannte der Kampf zwischen dem reaktionären Lager und der fortschrittlichen Intelligenz auf der ganzen Linie. Die russische Gesellschaft kam in Wallung, die Literatur schlug Alarm. Eine Hilfsaktion größten Umfangs wurde eingeleitet. Ärzte, Schriftsteller, Studenten und Studentinnen, Lehrer, Frauen der Intelligenz strömten zu Hunderten aufs Land, um Volksspeisungen zu veranstalten, Saatkorn zu verteilen, den Korneinkauf zu billigen Preisen zu organisieren, Kranke zu pflegen. Allein die Sache war nicht einfach. Der ganze Wirrwarr und die alteingewurzelte Mißwirtschaft des von Bürokraten und Militärs regierten Landes, in dem jedes Gouvernement und jeder Kreis ein Satrapenbezirk für sich war, kamen an den Tag. Rivalitäten, Kompetenzstreitigkeiten und Gegensätze zwischen Gouvernements- und Kreisbehörden, zwischen Regierungsämtern und ländlicher Selbstverwaltung, zwischen Dorfschreibern und der Bauernmasse, dazu das Chaos der Begriffe, Erwartungen und Forderungen der Bauern selbst, ihr Mißtrauen gegen die Städter, der Gegensatz zwischen der reichen Dorfbourgeoisie und der verelendeten Masse, – all das richtete plötzlich vor der Intelligenz und ihrem guten Willen tausend Schranken und Hindernisse auf, die sie zur Verzweiflung brachten. Alle die zahllosen örtlichen Mißbräuche und Bedrückungen, denen die Bauernschaft bis dahin, in normalen Zeiten, im stillen tagtäglich ausgesetzt war, alle Absurditäten und Widersprüche des Bürokratismus traten an das hellste Licht, und der Kampf mit dem Hunger, der an sich eine einfache Wohltätigkeitsaktion war, verwandelte sich von selbst in einen Kampf mit dem sozialen und politischen Regime des Absolutismus.

Korolenko stellte sich, wie Tolstoi, an die Spitze der fortschrittlichen Intelligenz und widmete sich der Sache nicht nur mit der Feder, sondern mit seiner ganzen Persönlichkeit. Im Frühjahr 1892 begab er sich in einen Kreis des Gouvernements Nischni-Nowgorod, gerade in das Wespennest der reaktionären Adelsfronde, um in den notleidenden Dörfern die Volksspeisung zu organisieren. Völlig unbekannt mit dem örtlichen Milieu, drang er bald in jede Einzelheit ein und begann ein zähes Ringen mit den tausend Widerständen, die sich ihm in den Weg legten. Vier Monate lang blieb er in dem Kreis, ständig auf der Wanderung von Dorf zu Dorf, von Instanz zu Instanz, wobei er Nächte hindurch in Bauernstuben beim trüben Schein eines blakenden Lämpchens sein Tagebuch füllte und zugleich in den Zeitungen der Hauptstadt einen frisch-fröhlichen Kampf mit der Reaktion Schlag auf Schlag führte. Sein Tagebuch, worin er das ganze Golgatha des russischen Dorfes – bettelnde Kinder, verstummte, gleichsam versteinerte Mütter, weinende Greise, Krankheit und Hoffnungslosigkeit –, in einem grauenhaften Gemälde vorführt, ist ein unvergängliches Denkmal des zaristischen Regimes geworden. –

Der Hungersnot folgte auf dem Fuße der zweite apokalyptische Reiter: die Pest. Aus Persien kam 1893 über die Niederungen der Wolga, den Fluß hinauf, die Cholera gezogen und hauchte über die vom Hunger ausgemergelten apathischen Dörfer ihren mörderischen Odem aus. Das Verhalten der zaristischen Regierungsorgane diesem neuen Feind gegenüber wirkt wie eine Anekdote, war aber bittere Wahrheit: der Gouverneur von Baku flüchtete vor der Pest ins Gebirge, der Gouverneur von Saratow versteckte sich, als die Volksunruhen ausbrachen, auf einem Dampfschiff. Der Gouverneur von Astrachan schoß den Vogel ab: er sandte in den Kaspi (das Kaspische Meer) Wachschiffe aus, die allen aus Persien und aus dem Kaukasus kommenden Fahrzeugen, als choleraverdächtigen, den Zutritt in die Wolga versperrten, sandte aber den Quarantänegefangenen weder Brot noch Trinkwasser. Mehr als 400 Dampfschiffe und Barken wurden auf diese Weise abgesperrt, 10 000 Menschen, Gesunde und Kranke, zusammen dem Untergang durch Pest, Hunger und Durst geweiht. Endlich kam gen Astrachan ein Schiff die Wolga herunter, als Sendbote der obrigkeitlichen Fürsorge, die Blicke der Verschmachteten richteten sich voller Hoffnung auf das rettende Schiff. Es brachte Särge ...

Da brach das Gewitter des Volkszornes los. Wie ein Lauffeuer verbreitete sich die Kunde von der Absperrung und dem Martyrium der Quarantänegefangenen im Kaspi die Wolga hinauf, ihr folgte der Verzweiflungsruf: die Obrigkeit verbreite absichtlich die Pest, um das Volk zu dezimieren ... Als erste Opfer der „Cholerarevolten" fielen die Sanitäter, Männer und Frauen der Intelligenz, die mit Selbstaufopferung und Heroismus herbeigeeilt waren, um in den Dörfern Baracken zu errichten, Kranke zu pflegen, Maßnahmen zur Rettung Gesunder zu treffen. Baracken gingen in Flammen auf, Ärzte und Krankenschwestern wurden erschlagen. Darauf folgten die üblichen Strafexpeditionen, Blutvergießen, Kriegsgerichte und Hinrichtungen. In Saratow allein gab es 20 Todesurteile ... Die herrliche Wolgagegend verwandelte sich wieder einmal in ein Dantesches Inferno.

Nur eine hohe moralische Autorität und ein tiefes Verständnis für die Nöte und die Psyche der Bauern vermochten in dieses blutige Wirrsal Licht und Sinn zu bringen, und zu dieser Rolle eignete sich in Rußland – außer Tolstoi – niemand wie Korolenko. Einer der Ersten war er auf dem Posten, nagelte die wahren Schuldigen des Aufstands, die absolutistische Administration, an den Schandpfahl und vermachte wieder der Öffentlichkeit ein erschütterndes Denkmal von gleichem historischen wie künstlerischen Wert: den Aufsatz „Die Cholera-Quarantäne". –

Im alten Rußland war die Todesstrafe für gemeine Verbrechen längst abgeschafft. Die Hinrichtung war in normalen Zeiten eine Auszeichnung, die für politische Verbrechen vorbehalten war. Besonders seit dem Aufleben der terroristischen Bewegung Ende der 70er Jahre kam die Todesstrafe in Schwung, und nach dem Attentat auf Alexander II. scheute die zaristische Regierung sogar nicht davor zurück, Frauen dem Galgen zu überantworten: so die berühmte Sophie Perowskaja und Hessa Helfmann. Immerhin blieben die Hinrichtungen damals und noch später Ausnahmefälle, bei denen jedesmal die Gesellschaft erbebte. Als in den 80er Jahren vier Soldaten des „Strafbataillons" hingerichtet wurden, zur Strafe für die Ermordung ihres Feldwebels, der sie systematisch gepeinigt und mißhandelt hatte, spürte man selbst in der widerstandslosen, gedrückten Stimmung jener Jahre so etwas wie ein Erschauern der öffentlichen Meinung in stummem Entsetzen.

Dies änderte sich seit der Revolution des Jahres 1905. Nachdem die Gewalt des Absolutismus 1907 wieder Oberhand gewonnen hatte, begann eine blutige Racheaktion. Kriegsgerichte arbeiteten Tag und Nacht, die Galgen kamen nicht zur Ruhe. Zu hunderten wurden Attentäter, Teilnehmer an bewaffneten Revolten, namentlich aber sogenannte „Expropriateure", meist halbwüchsige Burschen, hingerichtet, häufig mit lässigster Beobachtung der Formalitäten, mit „ungeübten" Henkern, schadhaften Stricken und phantastisch improvisierten Galgen. Die Konterrevolution feierte Orgien.

Da erhob Korolenko seine Stimme zu einem lauten Protest gegen die triumphierende Reaktion. Seine Artikelserie, die 1909 als Broschüre unter dem Titel „Eine alltägliche Erscheinung" herausgegeben wurde, trägt alle typischen Züge seines Schrifttums. Genau wie in der Arbeit über das Hungerjahr und das Cholerajahr, findet man hier keine Phrasen, kein lautes Pathos, keine Sentimentalität, nichts als größte Schlichtheit und Sachlichkeit, eine anspruchslose Sammlung tatsächlichen Materials, Briefe der Hingerichteten, Beobachtungen ihrer Zellennachbarn. Diese einfache Materialsammlung zeichnet sich aber aus durch ein so tiefes Eindringen in alle Details der menschlichen Qual, in alle Schauer des gepeinigten Menschenherzens und alle Falten des gesellschaftlichen Verbrechens, das in jedem Todesurteile liegt, sie ist von solcher Herzenswärme und hoher Sittlichkeit durchdrungen, daß die kleine Schrift zur erschütternden Anklage wurde.

Tolstoi, der Zweiundachtzigjährige, schrieb an Korolenko, unter dem frischen Eindruck jener Artikelserie: „Eben habe ich mir Ihre Schrift über die Todesstrafe vorlesen lassen und konnte mich, so sehr ich mich bemühte, der Tränen, ja, des Schluchzens nicht erwehren. Ich finde keine Worte, um Ihnen meine Dankbarkeit und Liebe für diese nach Ausdruck, Gedanken und Gefühl gleich vortreffliche Arbeit auszusprechen.

Sie muß nachgedruckt und in Millionen Exemplaren verbreitet werden. Keine Duma-Reden, keine Abhandlungen, keine Dramen noch Romane sind imstande, den tausendsten Teil der wohltätigen Wirkung auszuüben, die von dieser Arbeit ausgeht.

Sie muß deshalb so wirken, weil sie ein derartiges Mitleid mit dem erweckt, was jene Opfer des menschlichen Wahns erlebten und noch erleben, daß man ihnen unwillkürlich verzeiht, was sie auch getan haben mögen, während man, so sehr man's wünschte, unmöglich den Schuldigen dieser Schrecken verzeihen kann. Neben diesem Gefühl weckt Ihre Schrift noch ein Erstaunen über die selbstbewußte Verblendung von Menschen, die diese Grausamkeiten verüben, über das Sinnlose ihres Tuns, denn es ist klar, daß alle diese dummen Grausamkeiten, wie Sie dies ausgezeichnet dartun, nur das Gegenteil von dem erreichen, was sie bezwecken. Außer all dieser Gefühle ruft Ihre Schrift noch ein anderes hervor, das mich ganz erfüllt: das Gefühl des Mitleids nicht mit dem Gemordeten allein, sondern auch mit jenen getäuschten, einfachen, mißbrauchten Menschen: den Gefängniswärtern, Aufsehern, Henkern, Soldaten, die all die Scheußlichkeiten verüben, ohne zu wissen, was sie tun.

Erfreulich ist nur dies: daß eine Schrift wie die Ihrige, viele, sehr viele lebendige, unverdorbene Menschen in einem gemeinsamen Ideal des Guten und Wahren vereinigt, einem Ideal, das, mögen seine Feinde sich gebärden wie sie wollen, immer heller und heller aufleuchtet."

Vor fünfzehn Jahren ungefähr hat eine deutsche Tageszeitung unter den namhaftesten Vertretern der Kunst und Wissenschaft eine Umfrage über die Todesstrafe veranstaltet: die klangvollsten Namen der Literatur und Jurisprudenz, die Blüte der Intelligenz im Lande der Denker und Dichter hatte sich mit Feuereifer – *für* die Todesstrafe ausgesprochen. Für denkende Beobachter war dies eines von den Symptomen, die auf manches vorbereiteten, was man während des Weltkrieges in Deutschland erlebte. –

In den 90er Jahren spielte sich in Rußland der berühmte Prozeß der „Multaner Wotjaken" ab. Sieben wotjakische Bauern des Dorfes Großer Multan im Gouvernement Wjatka, halbe Heiden und halbe Wilde, wurden des Ritualmordes beschuldigt und zu Zuchthaus verurteilt.

Es ist eine der Einrichtungen der modernen Zivilisation, daß die Volksmassen, wenn sie der Schuh aus diesem oder jenem Grunde drückt, von Zeit zu Zeit Angehörige eines anderen Volkes oder anderer Rasse, Religion, Hautfarbe zum Sündenbock machen, an dem sie ihre schlechte Laune auslassen, um darauf erfrischt zum gesitteten Tagewerk zurückzukehren. Es versteht sich, daß sich zur Rolle des Sündenbocks nur schwache, historisch mißhandelte oder sozial zurückgesetzte Nationalitäten eignen, an denen sich, weil sie eben schwach oder von der Geschichte einmal mißhandelt worden sind, auch jede weitere Mißhandlung straflos vornehmen läßt. In den Vereinigten Staaten Nordamerikas sind es die Neger. In Westeuropa fällt diese Rolle manchmal den Italienern zu.

Vor etwa zwanzig Jahren gab es in dem proletarischen Stadtteil Zürichs, Außersihl, aus Anlaß eines Kindermordes, einen kleinen Italiener-Pogrom. In Frankreich erinnert der Ortsname Aigues-Mortes an die denkwürdige Aufwallung der Arbeitermenge, die, durch die Lohndrückerei der bedürfnislosen italienischen Wanderarbeiter erbittert, ihnen im Stile der Urahnen, des Homo Hauseri aus der Dordogne, höhere Kulturbedürfnisse beibringen wollte. Beim Ausbruch des Weltkrieges haben übrigens auch die Neanderthaltraditionen einen ungeahnten Aufschwung genommen. Die „große Zeit" kündigte sich im Lande der Denker und Dichter durch einen plötzlichen Massenrückfall in die Instinkte der Zeitgenossen des Mammuts, des Höhlenbären und des wollhaarigen Nashorns an.

Immerhin, das zaristische Rußland war noch kein richtiger Kulturstaat, und die Mißhandlung der Fremdvölker war dort, wie jede Art öffentlicher Betätigung, nicht eine Äußerung der Volkspsyche, sondern Regierungsmonopol, pflegte deshalb von der Obrigkeit durch staatliche Organe und mit Hilfe des staatlichen Wutki* in passenden Momenten organisiert zu werden.

Der Multaner Ritualmordprozeß war allerdings nur eine kleine beiläufige Episode der zaristischen Regierungspolitik, die der gedrückten Stimmung der hungrigen und geknebelten Massen wenigstens hie und da mit einer kleinen Ablenkung aufwarten wollte. Aber die russische Intelligenz, und an ihrer Spitze wieder Korolenko, nahm sich der halbwilden Wotjaken an. Korolenko stürzte sich mit seinem ganzen Eifer in die Sache und entwirrte das Netz der Mißverständnisse und der Fälschungen mit einer Sachlichkeit, Geduld und Loyalität, mit einem untrüglichen Instinkt für das Wahre, die an Jaurès in der Dreyfus-Affäre erinnern. Korolenko mobilisierte die Presse, die öffentliche Meinung, erzwang ein Wiederaufnahmeverfahren, nahm persönlich auf der Verteidigerbank vor Gericht Platz und erreichte den Freispruch.

Das beliebteste Objekt für die Blitzableiterpolitik war freilich im Osten seit jeher die jüdische Bevölkerung, und es kann noch fraglich erscheinen, ob sie diese dankbare Rolle ganz ausgespielt hat. Es liegt jedenfalls etwas Stilvolles in dem Umstand, daß der letzte große öffentliche Skandal, mit dem sich der Absolutismus von dieser Welt verabschiedete, sozusagen die Halsbandaffäre des russischen ancien régime, ein jüdischer Ritualmordprozeß: der berühmte Bejlißprozeß des Jahres 1913 war. Als verspäteter Nachzügler der finsteren konterrevolutionären Periode der Jahre 1907–11, zugleich symbolischer Vorbote des Weltkrieges, wurde der Kischinewer Ritualmordprozeß sofort zum Mittelpunkt des öffentlichen Interesses. Die gesamte fortschrittliche Intelligenz Rußlands erklärte die Sache des Kischinewer jüdischen Schlächtermeisters für die ihrige, der Prozeß verwandelte sich in eine Generalschlacht zwischen dem freiheitlichen und dem reaktionären Lager Rußlands. Gewiegteste Juristen, beste journalistische Federn stellten sich in den Dienst der Sache. Nach allem Vorhergehenden braucht nicht erst gesagt zu werden, daß Korolenko mit an der Spitze war. Knapp bevor der blutige Vorhang des Weltkrieges aufgerollt werden sollte, trug die Reaktion in Rußland eine betäubende moralische Niederlage davon: unter dem Ansturm der oppositionellen Intelligenz brach die Ritualmordanklage zusammen und enthüllte zugleich die Hypokratuszüge des zaristischen Regiments, das innerlich bereits morsch und tot auf den Gnadenstoß der freiheitlichen Bewegung wartete. Der Weltkrieg verhalf ihm nur noch zu einer letzten kurzen Gnadenfrist. –

** In den folgenden Ausgaben des Buches wurde „Wutki" durch „Wodka" ersetzt. Das entspricht der Wortübertragung in den Lexika von 1900-1914. Hier im Kontext des Buches könnte m.E. Wodka auch im weiteren Sinne als staatliches Betrunkenmachen zur Organisierung von Exzessen gemeint sein (Anm. Helmut Hauck)*

Allein nicht nur soziale Hilfsaktion und moralischer Protest gegen jegliches Unrecht fanden in Korolenko jederzeit ihren Wortführer. In den 80er Jahren, nach dem Attentat auf Alexander II., war über Rußland eine Periode starrster Hoffnungslosigkeit hereingebrochen. Die liberalen Reformen der 60er Jahre wurden in der Gerichtsbarkeit, der ländlichen Selbstverwaltung allenthalben zurückrevidiert. Friedhofsruhe herrschte unter den Bleidächern der Regierung Alexander III. Der russischen Gesellschaft, die durch das Scheitern aller Hoffnungen auf friedliche Reformen wie durch die anscheinende Wirkungslosigkeit der revolutionären Bewegung gleichermaßen entmutigt war, bemächtigte sich eine gedrückte, resignierte Stimmung.

In dieser Atmosphäre der Apathie und Verzagtheit kamen unter der russischen Intelligenz metaphysisch-mystische Strömungen auf, wie sie durch die philosophische Schule Solowjews vertreten waren, Nietzsches Einflüsse ließen sich deutlich spüren, in der schönen Literatur herrschte der hoffnungslos-pessimistische Ton der Novellen Garschins und der Gedichte Nadsons. Vor allem aber entsprach jener Stimmung der Mystizismus Dostojewskis, wie er in den Karamasows zum Ausdruck kommt, und namentlich die asketischen Lehren Tolstois. Die Propaganda des „Nichtwiderstehens dem Übel", die Verpönung aller Gewaltanwendung im Kampfe mit der herrschenden Reaktion, der man nur die „innere Läuterung" des Individuums entgegenzustellen habe, diese Theorien der sozialen Passivität wurden in der Stimmung der 80er Jahre zur ernsten Gefahr für die russische Intelligenz, zumal sie sich so berückender Mittel bedienen konnte, wie der Feder und der moralischen Autorität Leo Tolstois.

Michajlowski, das geistige Haupt der Richtung der „Volkstümler", richtete darauf gegen Tolstoi eine bitterböse Polemik. Korolenko seinerseits trat vor. Er, der zartbesaitete Dichter,dem ein Erlebnis aus Kindheitsjahren im rauschenden Walde, eine Knabenwanderung an dunklem Abend über ein ödes Feld, ein Landschaftsbild in allen Nuancen der Beleuchtung und der Stimmung zeitlebens nachgehen, er, dem politische Parteiungen im Grunde genommen stets etwas Fremdes und Abstoßendes blieben, erhob jetzt entschlossen seine Stimme, um wehrhaften, schwertblitzenden Haß und tatkräftigen Widerstand zu predigen. Auf die Tolstoischen Legenden, Parabeln und Erzählungen im Stile der Evangelien, antwortete Korolenko mit der „Legende vom Florus".

In Judäa herrschten die Römer mit Schwert und Feuer, plünderten das Land und sogen die Bewohner aus. Das Volk stöhnte und beugte sich unter dem verhaßten Joch. Vom Anblick der Leiden seines Volkes ergriffen, erhebt sich der weise Menachem, der Sohn Jehudas, appelliert an die Heldentraditionen der Vorfahren und predigt den Aufstand gegen die Römer, den „heiligen Krieg". Dem tritt die Sekte der sanftmütigen Sossäer entgegen, die gleich Tolstoi jede Gewaltanwendung verpönen und nur in der inneren Läuterung, der Weltflucht und der Entsagung das Heil erblicken. „Mit deinem Aufruf zum Kampfe säest du Unheil!" rufen sie Menachem zu. „Wird eine Stadt belagert und sie leistet Widerstand, dann pflegen die Belagerer den unterwürfigen Einwohnern das Leben zu schenken, jene aber, die Widerstand geleistet haben, dem Tode zu überantworten. Wir predigen unserem Volke Unterwürfigkeit, damit es vor dem Untergang bewahrt werde ... Man trocknet nicht Wasser mit Wasser und löscht nicht Feuer mit Feuer. So wird auch die Gewalt nicht durch Gewalt überwunden, denn sie ist selbst von Übel."

Darauf antwortete Menachem, der Sohn Jehudas, unbeirrt: „Gewalt ist weder Wohltat noch Übel, sie ist Gewalt; wohl oder übel ist nur ihre Anwendung. Die Gewalt des Armes ist ein Übel, wenn er zum Raub und zur Bedrückung Schwacher erhoben ist; wird er aber zur Arbeit oder zur Verteidigung des Nächsten erhoben, dann ist seine Gewalt eine Wohltat.Wahr ist: man löscht nicht Feuer mit Feuer und trocknet nicht Wasser mit Wasser, doch den Stein zerschmettert man mit dem Stein, den Stahl wehrt man mit dem Stahl ab und Gewalt mit Gewalt. Und noch: die Übermacht der Römer ist das Feuer, eure Demut aber – Holz. Das Feuer wird nicht einhalten, ehe es das ganze Holz gefressen hat.“

Die „Legende“ schließt mit dem Gebet Menachems: „O Adonai, Adonai! Laß uns nie, solange wir leben, dem heiligen Gebote untreu werden: dem Kampfe wider Unrecht ... Laß uns nie die Worte sprechen: retten wir uns selber und überlassen wir die Schwachen ihrem Schicksal ... Auch ich glaube, o Adonai, daß dein Reich auf Erden kommen wird. Verschwinden wird Gewalt und Unterdrückung, die Völker werden zum Fest der Verbrüderung zusammenströmen, und nie mehr wird Menschenblut von Menschenhand vergossen werden.“

Wie eine frische Brise stürmte dieses trotzige Bekenntnis in die stickigen Nebel der Indolenz und der Mystik. Korolenko bereitete zu seinem Teil die Wege einer neuen geschichtlichen „Gewalt“ in Rußland, die bald ihren wohltätigen Arm erheben sollte, den Arm der Arbeit wie des Befreiungskampfes.

IV

Vor kurzem ist eine deutsche Ausgabe der Jugenderinnerungen Maxim Gorkis erschienen*, die in mannigfacher Beziehung ein interessantes Gegenstück zu dem vorliegenden Buche Korolenkos bilden.

Künstlerisch sind die beiden Dichter gewissermaßen Antipoden. Korolenko, gleich dem von ihm so hochverehrten Turgenjew, eine durchaus lyrische Natur, ein weiches Gemüt, ein Mann der Stimmung; Gorki – darin ein Nachfolger der Tradition Dostojewskis – von ausgesprochener dramatischer Weltanschauung, ein Mann der zusammengeballten Energie, der Handlung. Bei Korolenko, der für alle Schrecken des sozialen Lebens einen Blick hat, erscheinen jedoch, ganz wie bei Turgenjew, in der künstlerischen Darstellung auch die größten Schrecken in eine gewisse mildernde Perspektive der Stimmung gerückt, in zarten Duft der poetischen Vision, des landschaftlichen Reizes eingehüllt. Für Gorki wie für Dostojewski ist sogar der nüchterne Alltag voller grauenhafter Gespenster, marternder Visionen, die mit unbarmherziger Schärfe, sozusagen ohne Luft und Perspektive, meist in völliger Vernachlässigung der Landschaft, hingestellt werden.

Wenn das Drama nach Ulricis treffendem Ausdruck die Poesie der Tat ist, so ist das dramatische Element in den Romanen Dostojewskis unverkennbar. Sie strotzen derart von Handlung, Erlebnis und Spannung, daß ihre sich übereinandertürmende sinnverwirrende Fülle das epische Element des Romans zu erdrücken, seine Schranken jeden Augenblick zu sprengen droht. Kann man doch meist, nachdem man einen oder zwei dicke Bände in atemloser Spannung gelesen, kaum fassen, daß man Vorgängen von nur zwei oder drei Tagen soll beigewohnt haben. Ebenso charakteristisch für die dramatische Veranlagung Dostojewskis ist, daß die Hauptknoten der Handlung schon zu Beginn seiner Romane geschürzt, die großen Konflikte fertig, reif zur Explosion, vorliegen, ihre langsame Vorgeschichte, ihr Heranreifen nicht miterlebt, sondern der rückschließenden Wirkung der Handlung auf den Leser überlassen wird. Gorki wählt, selbst wenn er die verkörperte Aktionsunfähigkeit, den Bankrott der menschlichen Tatkraft – wie im „Nachtasyl“, in den „Kleinbürgern“ – schildern will, zu ihrer Darstellung die dramatische Form und weiß ihnen einen Schimmer des Lebens ins blasse Antlitz zu hauchen.

Korolenko und Gorki repräsentieren nicht bloß zwei dichterische Individualitäten, sondern auch zwei Generationen der russischen Literatur und der freiheitlichen Ideologie. Für Korolenko steht noch der Bauer im Mittelpunkt des Interesses, für Gorki, den begeisterten Adepten des deutschen wissen-

* „Meine Kindheit“ Übers. von Scholtz, Verlag Ullstein 1917

schaftlichen Sozialismus, – der städtische Proletarier und sein Schatten, der Lumpenproletarier. Während bei Korolenko die Landschaft der natürliche Rahmen der Erzählung, ist es bei Gorki die Werkstatt, die Kellerwohnung, das Asyl für Obdachlose.

Die grundverschiedene Lebensgeschichte gibt den Schlüssel zur Persönlichkeit beider Künstler. Korolenko, der in behaglichen bürgerlichen Verhältnissen aufgewachsen ist, hatte in der Kindheit das normale Gefühl der Unverrückbarkeit, der Stabilität der Welt und ihrer Dinge, wie es allen glücklichen Kindern eigen ist. Gorki, teils im Kleinbürgertum, teils im Lumpenproletariat wurzelnd, in echt Dostojewskischer Atmosphäre brütender Schrecken, Verbrechen und Elementarausbrüche menschlicher Leidenschaften aufgewachsen, schlägt schon als Kind um sich wie ein gehetztes Wölflein und weist dem Schicksal seine spitzen Zähne. Diese Kindheit voller Entbehrungen, Kränkungen, Bedrückungen, im Gefühl der Unsicherheit, des Hinundhergeworfenseins, in nächster Nachbarschaft mit dem Bodensatz der Gesellschaft, schließt in sich alle typischen Züge aus dem Schicksal des modernen Proletariats. Und nur wer Gorkis Lebenserinnerungen gelesen, kann seinen wunderbaren Aufstieg aus dieser sozialen Tiefe zur vollen Sonnenhöhe moderner Bildung, genialer Kunst und einer wissenschaftlich fundierten Weltanschauung ermessen. Auch darin sind Gorkis persönliche Schicksale symbolisch für das russische Proletariat als Klasse, das sich mitten aus dem Rauhen und Krassen der äußeren Unkultur des Zarenreiches durch die harte Schule des Kampfes in erstaunlich kurzer Zeit von zwei Jahrzehnten zur geschichtlichen Aktionsfähigkeit emporgearbeitet hat. Sicher ein unbegreifliches Phänomen dies für alle Kulturphilister, die gute Straßenbeleuchtung, pünktlichen Eisenbahnverkehr und saubere Stehkragen für Kultur sowie fleißiges Klappern der parlamentarischen Mühlen für politische Freiheit halten.

Der starke Zauber der Korolenkoschen Poesie bildet zugleich ihre Schranke. Korolenko wurzelt ganz in der Gegenwart, im erlebten Moment, im sinnlichen Eindruck. Seine Erzählungen sind wie ein Strauß frischgepflückter Feldblumen; die Zeit ist ihrer fröhlichen Farbigkeit, ihrem köstlichen Duft nicht hold. Das Rußland, das Korolenko schildert, ist nicht mehr, es ist das Rußland von gestern. Die zarte poetische verträumte Stimmung, die über seinem Land und seinen Leuten liegt, ist vorbei. Sie hat schon vor einem, vor anderthalb Jahrzehnten der tragischen gewitterschwülen Stimmung der Gorki und Genossen Platz gemacht, den schrillstimmigen Sturmvögeln der Revolution. Sie hat bei Korolenko selbst der Kampfstimmung weichen müssen. In ihm, wie in Tolstoi, siegte zum Schluß der soziale Kämpfer, der große Bürger über den Dichter und Träumer. Als Tolstoi in den achtziger Jahren anfing, sein sittliches Evangelium in einer neuen literarischen Form, in kleinen volkstümlichen Erzählungen zu predigen, wandte sich Turgenjew in einem flehenden Briefe an den Weisen von Jasnaja Poljana, um ihn im Namen des Vaterlandes zur Rückkehr in die Gefilde der reinen Kunst zu bewegen. Auch um Korolenkos duftige Poesie trauerten seine Freunde, als er sich mit Feuereifer in die Journalistik stürzte. Doch der Geist der russischen Literatur: das hohe soziale Verantwortlichkeitsgefühl erwies sich bei diesem begnadeten Dichter stärker sogar als die Liebe zur Natur, zum ungebundenen Wanderleben, zum poetischen Schaffen. Von der Woge der nahenden revolutionären Sturmflut mitgerissen, verstummte er als Dichter am Ende der neunziger Jahre immer mehr, um nur noch als Vorkämpfer der Freiheit, als geistiger Mittelpunkt der oppositionellen Bewegung der russischen Intelligenz seine Klinge blitzen zu lassen. „Die Geschichte meines Zeitgenossen", die in den Jahren 1906–10 in der von Korolenko herausgegebenen Revue „Der russische Reichtum" erschien, ist das letzte Produkt seiner Muse, nur noch halb Dichtung, aber ganz Wahrheit, wie alles, was zu diesem Leben gehört.

Geschrieben im Strafgefängnis Breslau, im Juli 1918,
R. Luxemburg

Nachtrag

Rosa Luxemburg wurde 1919 ermordet.
Mit ihren Darlegungen hier zu enden würde dem Persönlichkeitsbild von Wladimir Korolenko nicht hinreichend gerecht.
Der Forschungsbericht der Rosa-Luxemburg-Stiftung Sachsen (Heft 3: „Rosa Luxemburg und die Künste" von Prof. Erhard Hexelschneider, ISBN 978-3-89819-170-8) kann interessierten Lesern weitere beachtenswerte Informationen geben.

Die von der Zeitschrift „Sowjetliteratur" in Heft 1/1990 veröffentlichten sechs Briefe von Wladimir Korolenko an Anatoli Lunatscharski von 1920 übernehme ich dankend einschließlich ihrer Kommentierung unverändert und ungeachtet eingetretener zeitgeschichtlicher Veränderungen.
Die Veröffentlichung wird damals in der DDR und der BRD leider nur wenige erreicht haben, denn sie fiel gerade in die turbulente Zeit der Vereinigung. Der Nachdruck wird somit ganz dem damaligen Anliegen der Zeitschrift gerecht.
Auf den Nachtrag der jahrzehntelang geheimgehaltenen Briefe zu verzichten, hätte ich als Fortsetzung der Ungerechtigkeit gegenüber diesem großartigen Schriftsteller und als einen echten Verlust empfunden. Die Briefe, die Wladimir Korolenko erst nach der Ermordung von Rosa Luxemburg geschrieben hat, ergänzen folgerichtig und abschließend das von ihr gezeichnete Bild der Persönlichkeit Korolenkos und seines Schaffens.
Da es auf all die aufgeworfenen Fragen keine einfachen Antworten gibt, soll hier auch gar nicht versucht werden, welche geben zu wollen.
Die Texte einem größeren Leserkreis zugänglich zu machen, ist das bescheidene Ziel.

Helmut Hauck

Wladimir Korolenko
Briefe an Lunatscharski

Mit der Veröffentlichung dieser Briefe möchten wir an den hervorragenden russischen Schriftsteller und Staatsbürger Wladimir Korolenko (1853–1921) erinnern. Es erscheint merkwürdig, doch ist es Tatsache, daß wir in der Geschichte unserer Literatur vom Ende des 19. -Anfang des 20. Jahrhunderts, ebenso wie in der Geschichte des gesellschaftlichen Denkens und Handelns jener Periode diesen Namen unbeachtet lassen. Wir schreiben viel über Lew Tolstoi, aber nichts über Wladimir Korolenko. Das ist ein großes, unverzeihliches Versäumnis.

Mit der nachstehenden Veröffentlichung decken wir ein übriges Mal ein Drama auf, das eigentlich ausnahmslos allen Revolutionen und noch mehr den Bürgerkriegen innewohnt.

W. I. Lenin wies darauf hin, daß die Oktoberrevolution in ihrer ersten Etappe die friedlichste und unblutigste gewesen war. Es stimmt ja auch. Fast ohne Blutvergießen hatte die Provisorische Regierung dem in dreihundert Jahren morsch gewordenen Zarenhof die Macht entrissen, und für die Sowjetmacht stellte diese Marionettenregierung auch kein ernst zu nehmendes Hindernis dar.

Und dabei hätte es bleiben können – fast ohne Blutvergießen –, wäre nicht sodann der Bürgerkrieg ausgebrochen, der maßgeblich von den Interventen im Norden, im Westen, im Süden und im Osten Rußlands provoziert worden war und einen gegenseitigen Terror ausgelöst hat, gegen den ein Geist wie der des Staatsbürgers Wladimir Korolenko unweigerlich protestieren mußte.

Uns Heutigen erscheint jener Terror um so tragischer, als er sich nicht als der letzte erwies. Unsere Väter und Großväter glaubten: Nachdem sie die Sowjetmacht mit allen nur erdenklichen Mitteln verteidigt und für immer behauptet haben, würden sie für immer auf ein Mittel wie den Terror verzichten.

Es kam aber anders: In den Jahren 1929–1931 und 1937/38, aber auch in den Nachkriegsjahren 1948/49 war es das Schicksal vieler von ihnen, als erste einem „neuen“ Terrorismus zum Opfer zu fallen.

Damit es aber heute und in Zukunft in unserer sozialistischen und immer noch revolutionären Gesellschaft nie mehr zu dieser grauenhaften Erscheinung komme, müssen wir ihre Geschichte kennen. Die ganze Geschichte, nicht nur Bruchstücke.

Und auch jene Ritter der Moral und Gerechtigkeit müssen wir der Vergessenheit entreißen, die es immer und überall gegeben hat und die in den tragischsten Momenten so handelten, wie es ihnen ihr Gewissen vorschrieb. Denn selbst auf dem Höhepunkt eines Unheils, wie es der Terrorismus ist, gab es Menschen, die nach Kräften (und sogar über ihre Kräfte hinaus) diesem Unheil Widerstand geleistet haben.

Historisch gesehen mögen sie nicht in allem recht haben, aber sei es auch so, ihr Rittertum ist ihnen nicht abzusprechen, und sie müssen für immer im Gedächtnis des Volkes weiterleben.

Sergej Salygin

Erster Brief

Anatoli Wassiljewitsch,
natürlich habe ich mein Versprechen, ausführlich an Sie zu schreiben, nicht vergessen, zumal es meinem aufrichtigen Wunsch entsprang. Meine Ansichten über die wichtigsten Faktoren des gesellschaftlichen Lebens offen auszusprechen ist mir wie andern aufrechten Schriftstellern schon lange ein zwingendes Bedürfnis. Die zur Zeit praktizierte „Freiheit des Wortes" macht das unmöglich. Wir, die wir anders denken, sind gezwungen, statt der Aufsätze Memoranden zu schreiben. Doch ich hatte das Gefühl, mit Ihnen würde es mir leichter werden. Der Eindruck, den ich bei Ihrem Besuch gewann, bestärkte mich in meinem Vorhaben, und ich wartete nur auf die Minute, um mich hinzusetzen und mit einem Schriftstellerkollegen einen Gedankenaustausch über die schmerzlichsten Probleme der Gegenwart zu beginnen.

Doch der grauenhafte Vorfall, die Erschießungen während Ihres Hierseins[1], hat gewissermaßen eine Mauer zwischen uns aufgetürmt, so daß ich über nichts anderes sprechen kann, solange das nicht bereinigt ist. Deshalb muß ich, ob ich will oder nicht, mit diesem Vorfall beginnen.

Schon am Anfang unseres Gesprächs (genauer meiner Fürsprache), vor der Kundgebung, war ich voll Unruhe und von dem unklaren Gefühl beherrscht, alle meine Worte würden nur müßiges Reden über einem frischen Grab sein. Aber – ich klammerte mich an die Hoffnung, daß der Bescheid des Vorsitzenden der Außerordentlichen Kommission, der Tscheka, wohl doch nicht ganz unbegründet sein könne und daß die fünf Menschenleben noch zu retten wären. Allerdings spürte ich schon in Ihrem Tonfall, daß sogar Sie diese grauenvollen Dinge für irgendwie in der Ordnung halten, und dennoch... der Mensch gibt ja nie die Hoffnung auf...

Tags darauf, bevor ich noch Ihr Schreiben erhielt, erfuhr ich, daß mein vages Vorgefühl mich nicht getrogen hatte: fünf durch kein Gerichtsurteil verhängte Exekutionen, fünf Tote liegen zwischen meinen damaligen Eindrücken und dieser Minute, da ich beklommenen Herzens zur Feder greife. Erst vor zwei, drei Tagen erfuhren wir aus unserer hiesigen „Iswestija" die Namen der Opfer. Vor der Begegnung mit Ihnen hatte ich Angehörige von Aronow und Mirkin gesehen, und das wirft einen Widerschein von persönlicher Dramatik auf diese mir sonst unbekannten Schatten. Zu dem Treffen damals brachte ich erstens eine Kopie des offiziellen Untersuchungsergebnisses der für das Versorgungswesen zuständigen Person mit. Dort hieß es, *daß die Versorgungsbehörde im Verhalten Aronows keine Verletzung der Dekrete habe feststellen können.* Zweitens brachte ich ein Ersuchen der in der Mühle beschäftigten Arbeiter mit, welches beweist, daß die Arbeiter in ihm keinen rücksichtslosen Ausbeuter und Spekulanten gesehen haben. Folglich lagen, was das Leben dieser beiden anbetrifft, verschiedene Meinungen vor, sogar offiziell, was auf jeden Fall Behutsamkeit und Nachprüfung erheischen sollte. Und tatsächlich war vom Gouvernements-Exekutivkomitee anderthalb Wochen zuvor der Außerordentlichen Kommission der Vorschlag zugegangen, Aronow aufgrund des Gutachtens des Rechtsberaters *freizulassen* oder aber den Fall dem Revolutionstribunal zu übergeben.

Statt dessen ist er auf dem Verordnungsweg erschossen worden.

Sie wissen, daß ich während meiner literarischen Laufbahn nicht „nur Rosen gesät" habe*. Unter der zaristischen Herrschaft habe ich immer wieder über die Todesstrafe geschrieben und mir sogar das

**Metapher aus einem Ihrer Artikel über mich. (Hier wie auch später Anmerkungen des Verf.)*

Recht errungen, weit mehr darüber in der Presse verlauten zu lassen, als sonst von der Zensur geduldet wurde. Hin und wieder gelang es mir sogar, ein schon kriegsgerichtlich zum Tode verurteiltes Opfer zu retten, und es gab Fälle, wo nach der aufgeschobnen Exekution Beweise für die Unschuld der Opfer erbracht und diese freigelassen wurden (beispielsweise im Fall Jussupow[2]). Doch gab es auch andere Fälle, wo diese Beweise zu spät kamen (Glusker[3] u. a.).

Aber eine Hinrichtung ohne jedes Gericht, eine Hinrichtung im Verwaltungsverfahren – das war selbst in damaligen Zeiten äußerst selten. Ich erinnere mich eines einzigen Falles, als der brutale Skalon (der Generalgouverneur von Warschau) ohne Gerichtsurteil zwei Jünglinge erschießen ließ. Doch das rief selbst in militärjuristischen Kreisen eine solche Entrüstung hervor, daß nur die posthum erfolgte „Billigung" des nicht sehr klugen Zaren diesen Skalon davor bewahrte, vor Gericht gestellt zu werden. Sogar Mitglieder des Obersten Kriegsgerichts versicherten mir, daß etwas Derartiges in Zukunft nie wieder vorkommen würde.

Viel Unglaubliches, Abscheuliches geschah zu jener Zeit und auch später, doch ein direktes Eingeständnis, daß die Untersuchungsbefugnis und die Befugnis, Todesurteile zu verhängen, in einer Hand vereinigt werden dürfen, das gab es selbst damals nicht. Die Tätigkeit der bolschewistischen Außerordentlichen Untersuchungskommissionen stellt in der Geschichte der Kulturvölker ein wohl einzigartiges Beispiel dar. In der Tscheka von Poltawa, die ich häufig mit verschiedenen Fürsprachen aufsuchte, fragte mich einmal ein angesehenes Mitglied der ukrainischen Tscheka nach meinen Eindrücken. Ich antwortete ihm: Hätten unterm Zaren die Kreisgendarmeriestellen das Recht besessen, nicht nur nach Sibirien zu verbannen,sondern auch Todesstrafen zu verhängen und zu vollstrecken, so wäre es das gleiche gewesen, wie das, was wir jetzt erleben.

Worauf mein Gesprächspartner erwiderte: „Aber das geschieht doch zum Wohle des Volkes".

Ich bin der Ansicht, daß nicht alle Mittel dem Wohl des Volkes dienen, und für mich unterliegt es keinem Zweifel, daß Erschießungen auf dem Verordnungsweg, zum System erhoben und nun schon seit über einem Jahr praktiziert, nicht zu diesen Mitteln gehören. Voriges Jahr mußte ich in einem Brief an Christ. Georg. Rakowski[4] eine solche Episode beschreiben, als mehrere sogenannte Konterrevolutionäre von Tschekisten auf offener Straße erschossen wurden. Man führte sie in tiefer Nacht zum Friedhof, um sie dort vor dem offnen Grab ohne alle Formalitäten durch Nackenschuß zu töten. Möglicherweise lag wirklich ein Fluchtversuch vor (es wäre verzeihlich), jedenfalls mähte man sie auf offner Straße mit leichten Maschinengewehren nieder. Wie dem auch sei, als die Leute morgens zum Markt kamen, sahen sie, wie die Hunde an den Blutlachen leckten, und hörten, was die Anwohner von dem nächtlichen Gemetzel erzählten. Ich fragte damals Chr. G. Rakowski, ob er glaube, daß diese paar Männer, seien sie selbst höchst beredte Agitatoren gewesen, den Leuten dort etwas Eindrucksvolleres und Aufrüttelnderes hätten sagen können als dies Bild. Ich muß vermerken, daß solche Versuche kollektiver Erschießungen vom lokalen Exekutivkomitee wie auch von den zentralen Behörden in Kiew (in zwei Fällen) sofort unterbunden wurden, mit der Forderung, daß diese Fälle vor das Revolutionstribunal kommen. Einen der schon zum Tode Verurteilten sprach das Gericht frei, und dieser Entscheid wurde vom Publikum mit lautem Beifall aufgenommen. Sogar die Rotarmisten von der Wache klatschten Beifall, das Gewehr stellten sie beiseite. Als dann später Denikin-Truppen die Stadt einnahmen, zerrten sie sechzehn halbverweste Leichen aus einem Massengrab und stellten sie zur Schau[5]. Ein grausiger Anblick. Doch zu dieser Zeit hatten auch sie schon mehrere Menschen ohne Gericht erschossen, und ich fragte Denikin-Anhänger, ob sie meinen, daß die exhumierten Leichen der von ihnen Erschossenen schöner aussehen. Ja, die Entmenschlichung ist auf beiden Seiten schon bis zum Extrem gesteigert, und für mich ist es ein bitterer Gedanke, daß ein Historiker diese Seite der „Verordnungs-Aktivitäten" der Tscheka in der Geschichte der ersten Russischen Republik nicht wird umgehen können. Und so geschehen keineswegs im 18., sondern im 20. Jahrhundert.

Entgegnen Sie mir nicht, daß sich die Revolution nach ihren eignen Gesetzen vollzieht. Natürlich gab es Ausbrüche von Massenaffekten, bei denen Blut floß, auch im 19. Jahrhundert. Aber das war spontaner Zorn und nicht System. Und es bildete für lange Zeit (wie etwa die Geiselerschießungen durch die Kommunarden) ein Blutmal, das nicht bloß die heuchlerische Entrüstung der Versailler hervorrief, die an Brutalität die Kommunarden noch weit übertrafen, sondern es wurde auch von den Arbeitern und ihren Freunden mit entschiedener Ablehnung aufgenommen... Diese Ereignisse warfen für lange einen düsteren und dämpfenden Schatten auf die gesamte sozialistische Bewegung.

In der Mitteilung über die Erschießung von Aronow und Mirkin, die endlich am 11. und 12. Juni in der „Iswestija" erschien, heißt es, man habe sie wegen Getreideschiebung hingerichtet. Angenommen, dem sei so, obschon man sich erinnert, daß die Versorgungsstelle keine Verletzung der Dekrete hat feststellen können und ein solcher Widerspruch wohl zumindest eine nochmalige Nachprüfung erfordert hätte. Die ganze traurige Geschichte erinnert mich an eine Episode aus der Französischen Revolution. Auch damals herrschte Teuerung, und auch damals wurden die Aristokraten und Spekulanten dafür verantwortlich gemacht, eine kurzsichtige Erklärung, die den blinden Haß der Masse nur anschürte. Der Konvent, „den Gefühlen des Volkes entgegenkommend", ließ die Köpfe der damaligen Aronows und Mirkins zu Dutzenden unterm Fallbeil rollen. Allein – das half nichts, die Preise stiegen weiter. Die Arbeiter von Paris erwachten schließlich als erste aus dem Blutrausch. Sie wandten sich mit einer Bittschrift an den Konvent, in ihr heißt es: „Wir bitten um Brot, ihr aber glaubt, uns mit Hinrichtungen abfüttern zu können." Michelet, der sozialistische Historiker, sieht in diesem Überdruß an den Hinrichtungen im Stadtteil St. Antoine das erste Aufflackern der Konterrevolution.

Glauben Sie wirklich, daß die gesetzlosen Erschießungen bei uns die Preise besser in Grenzen zu halten vermögen als die Guillotine?

In der Presse werden nur vier Namen der am 30. Mai Erschossenen genannt, während mit aller Bestimmtheit von fünf Opfern gesprochen wurde. Die aufgeregte Bevölkerung schließt daraus, daß die Liste nicht vollständig ist. Es werden noch andere Namen genannt. Wenn beiläufig in irgendeiner Frage absolute Klarheit vonnöten ist, so in der Frage von Menschenleben. Da muß jeder Schritt voll beleuchtet werden. Jeder hat das Recht zu wissen, wer des Lebens beraubt wird, aus welchem Grund und von wem das Urteil ausgeht. Das ist das mindeste, was man von den Machthabenden verlangen kann. Jetzt lebt die Bevölkerung unter einem beständigen Alpdruck. Man spricht davon, daß die Liste nur einen Teil (der Hingerichteten) enthält. Das führt zu ungeheuerlichen Gerüchten: daß sogar die bisherige Prozedur weiter vereinfacht werden soll, bis zu einer schier unglaubhaften Abschaffung jeglicher Form – man halte nicht einmal die Vernehmung der Angeklagten mehr für nötig. Aber ich glaube, das sind Schreckensphantasien... Allein – wie treibt man den Gedanken aus den Köpfen, wenn doch die Wirklichkeit jetzt oft zur Fieberphantasie wird.

Bitter ist der Gedanke, daß selbst Sie, Anatoli Wassiljewitsch, statt daß Sie zur Besonnenheit aufrufen, zu Gerechtigkeit mahnen, zu achtsamem Umgehen mit Menschenleben, die ja jetzt so spottbillig geworden sind, in Ihrer Rede sich mit diesen Erschießungen „auf Verordnung" quasi solidarisch erklären. Jedenfalls so klingt es in der Wiedergabe unserer Blätter. Ich wünsche von ganzem Herzen, daß in Ihrer Brust von neuem der Widerhall jener Stimmungen aufklingt, die Sie und mich in den entscheidenden Fragen einst nahe brachten, als wir noch beide die Ansicht teilten, die Entwicklung zum Sozialismus müsse sich auf die besten Seiten der menschlichen Natur stützen, was Mut im Kampf und Menschlichkeit auch gegenüber dem Gegner voraussetzt. Mögen Unmenschlichkeit und Ungerechtigkeit voll und ganz der überlebten Vergangenheit angehören und nicht in unsere Zukunft Eingang finden...

So, nun habe ich mir vom Herzen geschrieben, was steinschwer auf mir lag. Ich hoffe, mein Denken hat sich von der finsteren Hülle befreit, dies es mir unmöglich machte, meinen Wunsch zu erfüllen - mich mit Ihnen über die allgemeinen Fragen auszusprechen.

Bis zum nächsten Brief

19. Juni 1920

Zweiter Brief

Meinen zweiten Brief beginne ich mit einem konkreten Beispiel. Das macht es mir leichter. Ich bin weder Politiker noch Wirtschaftsfachmann. Ich bin lediglich ein Mann, der das Leben des Volkes aufmerksam betrachtet und dadurch ein gewisses Gespür für die Erscheinungsformen gewonnen hat.

Im Jahre 1893 war ich auf der Weltausstellung in Chicago. Sowohl die Vorbereitung wie die Ausstellung selbst zogen eine große Menge Arbeitervolk in die Stadt. Als sie beendet war, brachen wegen der nun eingetretenen Arbeitslosigkeit ernste Unruhen aus, und eine Zeitlang befand sich die Pullman-Siedlung unweit der Stadt wie die ganze Stadt Chicago in der Gewalt der aufständischen Arbeiter. In weiser Voraussicht so schwerer Folgen hatte der Gouverneur von Illinois, mit Namen Altgeld, ein eigenartiger, in seinem Denken und Handeln hervorragend kühner Mann, einer der besten Vertreter der amerikanischen Demokratie, schon vor Beendigung der Ausstellung die Arbeiter aufgefordert, sich beizeiten die Lage zu überlegen und sich für die gegenseitige Hilfe zu organisieren.

So fand denn eines Tages auf dem weitläufigen Platz beim Kunstpalast unweit des Michigan eine Arbeitslosenkundgebung statt. Ein Meer von Menschen bedeckte den Platz. Die Zahl der Teilnehmer betrug schon eine Stunde vor Eröffnung nach polizeilichen Angaben mehr als zweihunderttausend.

Ich ging auch hin. Ein ungewöhnliches Bild bot sich mir: Über dem Meer von Köpfen erhoben sich auf hohen Rädern Tribünen, und von jeder sprach jemand zur Menge. Ich hörte hier den berühmten Henry George, der seine „Einheitssteuer" predigte, mit welcher er die soziale Frage durch Abschaffung der Bodenrente im Handumdrehen zu lösen gedachte. Der Sozialist Morgan, ein einfacher Schmied im aufgekrempelten Arbeitshemd, appellierte an die Kraft der Arbeiterklasse. Er deutete auf die pompösen Häuser rings um den Platz und rief: „Ihr hungert, doch dies alles gehört euch." Auf einer anderen Tribüne lispelte eine junge, damals recht populäre Miss, sie empfahl dringlichst – Auskunftsbüros als Heilmittel gegen die Erwerbslosigkeit. Da trat sogar ein Arbeiter auf, der feurig beweisen wollte, daß das Kapital, indem es die Produktion organisiert, den Interessen der Arbeiterklasse dient und daß zwischen den beiden Klassen – den Kapitalisten und den Arbeitern – eine dauerhafte und einträchtige Zusammenarbeit zustande kommen müsse.

Die Redner auf den Tribünen wechselten, doch sie waren gleichgesinnt, und auch die Appelle klangen gleich. Das Publikum befand sich in ständiger Bewegung, es flutete von einer Tribüne zur anderen, so konnte man sich über die Grundsätze der verschiednen Richtungen orientieren. Das Ganze lief offenbar weniger darauf hinaus, zu einer einheitlichen Meinung zu gelangen, als daß jedermann vielseitige Unterlagen erhalten und eigene Schlüsse daraus ziehen sollte.

Ich hörte neben mir jemand tief seufzen. Es war ein Mann in abgetragener Arbeitskleidung, vielleicht auch er erwerbslos.

„Ach, das taugt ja alles nichts", sagte er zu mir. „Sie hätten sich erst mal alle einigen müssen und mit einer gemeinsamen Schlußfolgerung herkommen sollen. Dann wäre was rausgekommen."

Es war ein Landsmann von mir, der so sprach, ein russischer Jude. Mein Begleiter auf der Kundgebung war ein ungemein interessanter Mann, ebenfalls von russischer Abstammung. Er war als Kind nach Amerika gekommen und verstand russisch (aus Familientradition), sprach es jedoch nur mühsam. Er hieß Mister Stone, war, soweit ich mich erinnere, Handwerker, hatte sich aber einerseits durch Publikationen zur Arbeiterfrage schon einen gewissen Namen gemacht und spielte in der sozialistischen Partei Chicagos eine beachtliche Rolle, so daß andrerseits der Gouverneur Altgeld es für möglich hielt, ihm einen Posten als Fabrikinspektor für die offizielle Interessenvertretung der Arbeiter anzubieten. Solche Paradoxe sind in Amerika keine Seltenheit.

Ich fragte ihn: „Wie denken Sie, Mister Stone, möchten Sie, daß sich der Wunsch unseres Landsmanns erfüllt?" „Wie bitte?" fragte Mister Stone. Er wollte die Frage wohl präziser formuliert haben, vielleicht hatte er sie auch nicht ganz verstanden.

„Ich meine, ob Sie möchten, daß sich in allen diesen Köpfen unvermittelt ein logischer Mechanismus umschaltet und sie alle, mehr noch, das ganze Volk sich euch Sozialisten zuwendet und spricht: ‚Wir geben uns in eure Hand, regelt unser Leben'."

„Gott behüte", erwiderte der amerikanische Sozialist im Brustton der Überzeugung.

„Aber warum?"

„Weil weder wir noch diese Menschen, noch die Institutionen Amerikas dafür reif sind. Ich bin Marxist. Nach unserer Ansicht hat sich der Kapitalismus in Amerika noch längst nicht ausgegeben. Kürzlich war Engels hier. Und er sagte: ‚Euer Kapitalismus erfüllt tadellos seine Bestimmung. Seht euch nur diese Monsterbauten an, sie werden glänzend der künftigen Gesellschaft dienen. Seine Rolle hat er längst noch nicht ausgespielt.' Und das ist die reine Wahrheit. Amerika könnte gegenwärtig nur die Eisenbahnen nationalisieren. Sie sind jetzt schon in der Hand einiger weniger Milliardäre konzentriert. Doch schon bei der Brennstofffrage... Es wird schwierig werden, die Beziehungen zwischen Eisenbahnern und Kohlekumpeln gleich einzurenken, wenn auch möglich. Doch die allseitige, auf sozialistischer Basis beruhende Volkswirtschaft eines so riesigen Landes zu organisieren – nein, das ist eine Aufgabe, der unsere Partei vorläufig nicht gewachsen ist. Da könnten beispielsweise die Beziehungen zwischen gelernten und ungelernten Arbeitern zu enormen Kollisionen führen. Das alles läßt sich leicht auf dem Papier machen, in den ‚Utopien'. Doch wir sind Marxisten und wissen sehr gut, daß die Menschen, mit denen wir zu tun haben, nicht von heut auf morgen in Engel umzuwandeln sind, sondern es sind Millionen einzelner und sogar gesunder Egoismen, die miteinander zu versöhnen, eine mühselige Herausformung ihrer Mentalität und der Übergangsinstitutionen erfordern wird. Amerika bildet in dieser Hinsicht ausgezeichnetes Brachland, aber vorläufig auch nicht mehr als das."

Nach der Kundgebung setzte unsere kleine Gruppe die Debatte über das Thema fort, bei der Gelegenheit verschaffte ich mir Klarheit über den Standpunkt der amerikanischen Sozialisten, und ich bemühe mich, ihn mit eignen Worten hier wiederzugeben.

Die Gesellschaft ist kein Organismus, obschon sie viel Organisches enthält, das sich jeweils nach eignen Gesetzen entwickelt. Die neuen Formen reifen in ihr heran, so wie die Korallenriffe im Ozean entstehen. Sie setzen sich bekanntlich aus einzelnen Lebewesen zusammen, deren Entwicklung wiederum nach ihren eignen Lebensgesetzen erfolgt. Sich verflechtend, bilden sie eine stetig wachsende feste Masse.

Und der Moment, wenn sich das Riff über die Wasserfläche erhebt, ist mit der Revolution vergleichbar. In diesem Augenblick ist es einerseits dem wilden Anprall der Wogen ausgesetzt, die das unerwartete Hindernis hinwegzufegen trachten. Andererseits will unterm Einfluß der Atmosphäre auf dem neuen Boden Leben keimen. Eine langwierige organische Unterwasser-Arbeit war erforderlich, um dafür eine stabile Grundlage zu schaffen.

Gilt das nicht auch für die Gesellschaft? Es bedarf vieler Vorbedingungen – politischer Freiheit, Aufklärung, Herausbildung neuer gesellschaftlicher Verflechtungen in den Institutionen und den menschlichen Sitten. Kurzum, es muß das vorhanden sein, was mein guter Bekannter, ja Freund, der Begründer des Sozialismus in Rumänien und echte Marxist, Gherea-Dobrogeanu, die „objektiven und subjektiven Voraussetzungen der sozialistischen Umwälzung" nannte.

Wie ich es sehe, liegt darin der Kern der marxistischen Philosophie. Und aus eben diesem Grund erklärte denn auch Engels am Ende des vorigen Jahrhunderts, daß nicht mal in Amerika bislang die Voraussetzungen für die soziale Umwälzung gegeben sind.

Natürlich fanden sich Opponenten, die Dobrogeanu gegenüber einwenden, daß beispielsweise Rumänien schon reif sei. Freilich seien dort tatsächlich weder die objektiven noch die subjektiven Voraussetzungen für den Sozialismus vorhanden. Aber ob es denn nicht klar ersichtlich sei, daß gerade jene Länder, wo die objektiven und subjektiven Voraussetzungen am stärksten ausgeprägt sind, wie England, Frankreich, Amerika, nicht dazu neigen, sich der sozialistischen Revolution anzuschließen, während andererseits Ungarn schon die Räterepublik* ausgerufen hat?

Nicht Deutschland mit seiner weit fortgeschrittenen Entwicklung, das, verglichen mit anderen Ländern, über die stärksten sozialistischen Organisationen verfügt, sondern das rückständige Rußland, wo es bis zur Februarrevolution überhaupt keine legalen sozialistischen Organisationen gab, hat das Banner der sozialen Revolution gehißt. Daraus zogen Dobrogeanus rumänische Opponenten offenbar den Schluß: Je weniger objektive und subjektive Voraussetzungen im Lande vorhanden sind, desto reifer sei es für die soziale Revolution. Man nenne dies Argument, wie man will, nur mit Marxismus hat es nichts zu tun.

Diese Opponenten verfügen nun über weitere Argumente. Der Besuch der englischen Arbeiterdelegation endete mit einem bitteren Brief Lenins[6] an sie, aus dem Entfremdung und Enttäuschung sprach. Dagegen wird die Sowjetrepublik im Osten heiß begrüßt. Man muß sich nur einmal gut überlegen, was die kühle Distanz der sozialistischen englischen Arbeiter und die Grußadressen der fanatischen Orientalen bedeuten, um sich klarzuwerden, worum es da geht.

Dieser Tage las ich in einer sowjetischen Zeitung einen entrüsteten Protest gegen den türkischen „Sozialisten" Balijew, dessen Artikel zur Armenierfrage förmlich nach einem Appell zu Armenierpogromen riechen. So sieht dieser östliche Sozialismus sogar in der Türkei aus, die doch immerhin noch zu Europa gehört. Wollten Sie doch endlich einmal eine klare Vorstellung von jenen sonderbaren orientalischen Kundgebungen gewinnen, bei denen auf den Vorplätzen der Moscheen Wanderderwische vor kreuzbeinig hockenden Zuhörern zum heiligen Krieg gegen die Europäer aufrufen und zugleich die russische Sowjetrepublik begrüßen, dann werden Sie schwerlich behaupten können, das sei ein Fortschritt im Sinne von Marx und Engels... Eher das Gegenteil: Asien reagiert auf das, was ihm bei uns verwandt, das heißt asiatisch, ist.

Bis zum nächsten Brief, *11. Juli 1920*

** Die Polemik fand in der Zeit der kurzlebigen Ungarischen Räterepublik statt.*

Dritter Brief

Seit meinem letzten Brief an Sie ist wieder viel Zeit vergangen. Teilweise weil ich mich schlecht gefühlt habe, aber eben nur teilweise. Der Hauptgrund ist, daß ich mit anderen Dingen beschäftigt war. Wieder einmal waren es die „konkreten Fälle“, die mir keine Zeit für allgemeine Fragen ließen. Sie werden unschwer erraten, um was für konkrete Fälle es sich handelt. Die ungesetzlichen Erschießungen zählen bei uns nach Dutzenden, und wieder kamen meine Fürsprachen zu spät oder führten zu nichts. Sie werden sagen: Ihre Sache, mitten in einem Bürgerkrieg Sanftmut zu predigen. Nein, so ist das nicht. Meine Proteste gegen die Todesstrafe begannen schon unter der Zarenherrschaft mit „Einer alltäglichen Erscheinung“[7], doch ich hätte nie geglaubt, es würde soweit kommen, daß ich gezwungen sein werde, bescheiden gegen ungesetzliche Erschießungen und Ermordung von Kindern zu protestieren. Hier mein Brief an den Vorsitzenden unsres Gouvernements-Exekutivkomitees, den Gen. Poraiko, aus dem Sie ersehen, welche konkreten Ereignisse mich von der Erörterung allgemeiner Fragen abgelenkt haben.

„Genosse Poraiko!

Ihre liebenswürdige Antwort auf mein Schreiben habe ich erhalten. Wohl aus Besorgnis um meine Seelenruhe teilten Sie mir mit, daß die Angelegenheit, derentwegen ich vorstellig wurde, ‚nach Charkow weitergeleitet‘ worden ist. Vielen Dank für Ihre Liebenswürdigkeit mir gegenüber, nur erfuhr ich, daß die neun Menschen, darunter ein Mädchen von siebzehn Jahren und noch zwei Minderjährige, bereits am Vorabend* erschossen worden sind. Weiter wurde mir bekannt, daß die Tscheka noch über andere Mirgoroder Einwohner ‚Gericht hält‘ und abermals ungesetzliche Exekutionen zu erwarten sind. Ungesetzlich nenne ich dies Verfahren, weil es in keinem Land der Welt üblich ist, daß die Untersuchungsinstanz zugleich berechtigt ist, das Urteil, zumal ein Todesurteil, auszusprechen. Die Tätigkeit der untersuchenden Behörde wird überall durch das Gericht in Anwesenheit der Verteidiger einer Prüfung unterzogen. So verhielt es sich sogar unter der Zarenherrschaft.

Um nicht wieder wie damals zu spät zu kommen, erkläre ich im voraus meinen Protest. Und soweit meine schwache Stimme ausreicht, werde ich bis zu meinem letzten Atemzug nicht aufhören, gegen ungesetzliche Erschießungen und gegen Kindermord zu protestieren.“

Am selben Abend (7. Juli) mußte ich an denselben Mann einen zusätzlichen Brief schicken.

„In Ergänzung meines Schreibens von heute morgen beeile ich mich, Ihnen eine wichtige Nachricht mitzuteilen, die ich erst heute authentisch erfahren habe. Nach der Niederschlagung des Aufstands im vorigen Jahr, als in Mirgorod vierzehn Menschen hingerichtet wurden (durch ein Exekutionskommando), meinte die bolschewistische Macht, es sei genug, und auf den Straßen wurden Bekanntmachungen ausgehängt, *die in dieser Sache eine Amnestie verkündeten.* Jetzt aber zieht die Gouvernements-Tscheka erneut die Personen zur Verantwortung, die auf die Worttreue der Sowjetregierung gebaut und sich auf die versprochene Amnestie verlassen hatten. Diese Tatsache ist allen Mirgorodern bekannt. Und ebenso bekannt ist sie einem der prominenten Mitglieder der Poltawaer Tscheka, dem Gen. Litwin.

Wird es unter diesen Umständen tatsächlich zu Erschießungen kommen? Es wäre eine wahre Schande für die Sowjetmacht“.

Aus dem gleichen Grund fühlte ich mich veranlaßt, auch an Christian Georgijewitsch Rakowski und

* *Zu Ihrer Kenntnisnahme, Anatoli Wassiljewitsch, ebenso wie während Ihres Aufenthalts hier*

an den Vorsitzenden des Ukrainischen Zentralen Exekutivkomitees Petrowski zu schreiben. Den letzteren Brief möchte ich hier wiedergeben.

„Sehr geehrter Genosse Petrowski!

Ich habe mich in der betreffenden Angelegenheit bereits an den Genossen Rakowski gewandt. Und nun erlaube ich mir, mich an Sie zu wenden. Es handelt sich um folgendes: Ich trete für die minderjährige Bauerntochter Jewdokija Pistschalka ein, die von der Poltawaer Tscheka zum Tode verurteilt wurde. In dieser Sache sind bereits vierzehn Personen erschossen worden*. Das Mädchen wird vorläufig, bis zur Entscheidung über ihr Schicksal, in der Charkower Zentralstelle festgehalten. Es kann doch nicht möglich sein, daß in diesen höchsten Instanzen die Erschießung einer Minderjährigen gebilligt wird, wenn sogar bei der hiesigen Tscheka Bedenken aufgekommen sind. Die Schwester des Mädchens ist auf dem Weg zu Ihnen, sie setzt ihre letzte Hoffnung in Sie. Ich möchte nicht annehmen, daß sie zurückkommt, ohne etwas erreicht zu haben, und daß das junge Mädchen (sie wurde erst kürzlich 17), das schon das Grauen der bevorstehenden Hinrichtung und die Agonie des tagelangen Wartens durchgemacht hat, dennoch erschossen wird.

Ich benutze die Gelegenheit, um Sie folgendes wissen zu lassen: Zur Zeit wird über das Geschick von Menschen entschieden, die bereits wegen des vorjährigen Aufstandes in Mirgorod angeklagt waren, *bezüglich derer aber eine Amnestie verfügt worden ist.* Es heißt, da läge ein Irrtum der Mirgoroder Tscheka vor, die nicht berechtigt gewesen sei, die Amnestie zu erlassen. Wie immer sich das auch verhält, sie wurde erlassen, und die offiziellen Bekanntmachungen hingen in den Straßen der Stadt, und zwar schon nachdem ein Exekutionskommando die vierzehn Personen erschossen hatte. Das geschah offiziell, im Namen der Sowjetmacht. Ist es denkbar, daß Menschen, die dem Wort der Sowjetmacht Glauben geschenkt haben, im offenen Wortbruch erschossen werden?“

Gen. Petrowski telegraphierte nach Poltawa: Das Urteil über die Minderjährige sei nicht zu vollstrecken, und das Mädchen wurde, wie ich hörte, nach Charkow überführt. Jedenfalls ist die Formel „nach Charkow überführt“ bei uns gleichbedeutend mit „ins Jenseits befördert“, denn diese offizielle Auskunft erhalten viele Angehörige von bereits Erschossenen. So daß das Schicksal des Mädchens in den Augen der Bevölkerung weiterhin verdächtig unklar bleibt. Offenbar sind die Amnestierten ebenfalls noch nicht hingerichtet worden und befinden sich weiter in Haft. Vermerkt sei, daß mehrere von ihnen nach der Amnestie in sowjetischen Dienststellen tätig waren und sich offenbar keiner neuen Verfehlungen schuldig gemacht haben.

Als ich mit meinem Brief soweit war, wurde mir gemeldet, daß mich ein junges Mädchen zu sprechen wünsche. Ich ging hinaus, und es war eben jene Jewdokija Pistschalka. Sie ist freigelassen und aus Charkow heimgekehrt. Eine unsägliche Freude für sie, für ihre Familie und für mich. Aber – das bedeutet nicht, daß ich mich auch für unser Heimatland freuen darf, wo es darum gehen konnte, dieses Kind zu erschießen, und wo man das Mädchen bereits zusammen mit andern Inhaftierten abgeführt hatte, die nie zurückgekommen sind.

Ich weiß, unsere Zeit bringt viele „konkrete Fälle“ dieser Art mit sich, die sogar noch tragischer und erschütternder sind. Trotzdem hielt ich es für angebracht, hier auf sie einzugehen, gewissermaßen als Hintergrund für unsere brieflichen Gespräche über allgemeine Probleme**.

* *Offenbar ein Irrtum, die offizielle Zeitung nennt neun Namen*

** *Nachdem dieser Brief abgeschickt war, wurden Ende August auf Anweisung aus Charkow die früher amnestierten Mirgoroder ebenfalls freigelassen.*

Ich komme nun wieder auf meine Parallele aus dem vorigen Brief zurück.

Das historische Fatum hat Rußland auf eine fast mirakulöse und sehr bösartige Weise mitgespielt. Ganz plötzlich, binnen kurzen zwei oder drei Jahren, hat sich in Millionen russischen Köpfen ein logischer Hebel umgeschaltet. Von der blinden Anbetung der Selbstherrschaft, von völliger politischer Indifferenz ging unser Volk abrupt zum Kommunismus oder jedenfalls zu einer kommunistischen Regierung über.

Die Sitten blieben die alten, die Lebensformen auch. Das Bildungsniveau konnte während des Krieges nicht sonderlich steigen, doch wurden diametral entgegengesetzte Schlußfolgerungen daraus gezogen. Von der Diktatur des Adels (dem „Rat des vereinigten Adels“) ging man zur Diktatur des Proletariats über. Ihr, die Partei der Bolschewiki, habt sie ausgerufen, und geradewegs aus dem Absolutismus kam das Volk zu euch und sprach: „Jetzt gebt ihr uns unsere Lebensordnung!“

Das Volk glaubte, daß ihr dazu imstande seid. Ihr habt es nicht bestritten. Euch schien das leicht, und ihr nahmt unmittelbar nach dem politischen Umsturz die soziale Revolution in Angriff.

Der Ihnen bekannte englische Historiker Carlyle schrieb, daß die Regierungen zumeist an der Lüge scheitern. Ich weiß, Begriffe wie Wahrheit und Lüge, Recht und Unrecht sind zur Zeit am wenigsten gefragt und werden als „Abstraktionen“ abgetan. Lediglich das „Kräftespiel der Egoismen“ wirkt auf die historischen Prozesse ein. Carlyle dagegen war überzeugt und wies nach, daß sich die Frage von Wahrheit und Lüge letzten Endes auf die realen Ergebnisse dieses „Kräftespiels der Egoismen“ auswirkt, und ich denke, er hat recht. Ihre Diktatur folgte auf die Diktatur des Adels. Die wieder basierte auf einer enormen Lüge, die lange auf Rußland gelastet hat. Wieso wurde das Land nach der Bauernreform nicht reicher, sondern ärmer, und der Hunger nahm zu? Die Antwort der Adelsdiktatur lautete: Der Bauer ist faul und sauft. Und nicht weil im Lande eine tödliche Stagnation herrscht und unsere hauptsächliche Kraft, die Landwirtschaft, durch ein übles System der Bodennutzung gehemmt ist, nahm der Hunger zu, sondern ausschließlich weil es an Vormündern für dies Volk von Faulpelzen und Säufern fehlt. In den Hungerjahren mußten ich und meine Gesinnungsfreunde sowohl literarisch wie auch auf Versammlungen mit aller Energie gegen diese ungeheuerliche Lüge ankämpfen. Es ist wahr, bei uns wird viel getrunken, aber es ist eben nur ein Teil der Wahrheit. Der Wesenskern der Bauernschaft als Klasse liegt nicht in ihrer Trunksucht, sondern in ihrer Arbeit, einer wenig lohnenden Arbeit, die keine Aussicht auf eine gesicherte Verbesserung ihrer Lage bot. Die ganze Politik in den letzten Jahrzehnten des Zarismus gründete sich auf diese Lüge. Daraus ergab sich die unbeschränkte Allmacht des Semstwovorstandes und das Übergewicht des Adels in der gesamten Zivilstruktur und im Semstwo. Diese himmelschreiende Lüge durchdrang alle Poren unseres Lebens... Der gebildete Teil der Gesellschaft bemühte sich, dagegen anzukämpfen, an dieser „Opposition“ beteiligten sich sogar die Besten des Adels. Doch die Volksmassen glaubten nur den Zaren und halfen ihnen, jede freiheitliche Bewegung zu unterdrücken. Dem Zarismus fehlte es jedoch an gescheiten Köpfen, die begriffen hätten, daß diese von blinden Kräften gestützte Lüge das ganze System ins Verderben stürzt.

Wie Sie sehen, eignet sich Carlyles Formel gut, um die Ursachen zu definieren, die zum Untergang der Selbstherrschaft geführt haben. Statt nun die Wahrheit zur Kenntnis zu nehmen und es dabei zu lassen, log man unentwegt weiter bis zu dem haarsträubenden Nonsens einer „absolutistischen Verfassung“, d. h. dem Verlangen, das Wesen des Absolutismus betrügerisch in der Form einer Verfassung zu bewahren.

Und da krachte das System denn zusammen.

Nun frage ich: Ist in eurem System alles Wahrheit? Sehen wir da nicht auch Spuren von ebensolcher Lüge in dem, was ihr dem Volk bereits eingetrichtert habt?

Meiner festen Überzeugung nach haben wir es auch hier mit Lüge zu tun, und merkwürdigerweise trägt sie denselben umfassenden „Klassen"charakter. Dem aufständischen, aufgewühlten Volk habt ihr suggeriert, die sogenannte Bourgeoisie (der „Burshui") sei ausschließlich eine Klasse von Schmarotzern, Halsabschneidern, Dividendenempfängern und – weiter nichts.

Verhält sich das wirklich so? Könnt ihr das aufrichtigen Herzens behaupten?

Und vor allem könnt ihr als Marxisten das behaupten?

Anatoli Wassiljewitsch, Sie erinnern sich natürlich noch gut an die gar nicht so lange zurückliegende Zeit, als ihr – die Marxisten – erbittert gegen die Narodniki polemisiert habt. Ihr habt argumentiert, daß Rußland notwendiger– und auch nützlicherweise das „Stadium des Kapitalismus" durchlaufen müsse. Was verstandet ihr eigentlich damals unter diesem nützlichen Stadium? Doch nicht nur den Müßiggang der Bourgeois und das Dividendenscheffeln?

Augenscheinlich habt ihr es damals anders gesehen. Die Klasse der Kapitalisten erschien euch zu jener Zeit als eine Klasse, die gut oder schlecht *die Produktion organisiert*. Ganz im Einklang mit der marxistischen Lehre habt ihr die organisierende Rolle trotz aller ihrer Mängel als *nützlich* für die industriell rückständigen Länder wie beispielsweise Rumänien, Ungarn und ... Rußland betrachtet.

Warum also erhielt das Fremdwort „Bourgeois", das einen ganzen verwickelten Komplex von Begriffen umschließt, durch einen Trick eurerseits in den Augen unseres unwissenden Volkes, das dies Wort bislang überhaupt nicht kannte, den neuen, primitiven Sinn des Burshui – nämlich von Menschen, die durchwegs Nichtstuer sind und nur Dividenden scheffeln?

Ebenso wie die Adelsdiktatur log, als sie anstatt der wirklichen Bedeutung der Bauernschaft als Klasse die Vorstellung von Faulpelzen und Säufern unterschob, verfälscht eure Formel die Rolle des Organisators der Produktion, sei es sogar eines schlechten, durch die Vorstellung vom Halsabschneider. Und Sie sehen, daß Carlyle mit seiner Formulierung wiederum Recht hat. Die räuberischen Instinkte wurden bei uns durch den Krieg, danach durch das bei jeder Revolution unausbleibliche Durcheinander weiter angefacht. Gegen sie anzukämpfen ist die Pflicht einer jeden revolutionären Regierung. Das verlangt auch das Wahrheitsgefühl, das euch Marxisten hätte verpflichten müssen, eure Vorstellung von der Rolle des Kapitalismus in rückständigen Ländern offen und ehrlich auszusprechen. Ihr habt das nicht getan. Um eurer taktischen Erwägungen willen habt ihr die Wahrheitspflicht geopfert. Es war für euch taktisch nützlich, den Volkshaß gegen den Kapitalismus zu schüren und die russischen Massen gegen das russische Kapital anzufeuern, so wie man einen Sturmtrupp anfeuert, der eine Festung nehmen soll. Dabei hat es euch nicht gestört, daß ihr die Wahrheit verfälscht. Eine Teilwahrheit habt ihr zur ganzen Wahrheit gemacht (denn auch die Trunksucht war ja eine Tatsache). Und nun ernten wir die Früchte.Die Festung habt ihr genommen und sie dem Verfall und der Plünderung preisgegeben. Dabei vergaßt ihr nur, daß diese Festung Volksgut ist, hervorgebracht durch einen „segensreichen Prozeß", und daß der vom russischen Kapitalismus geschaffene Produktionsapparat vieles enthält, was der Vervollkommnung und der Weiterentwicklung wert gewesen wäre,und nicht der Vernichtung. Ihr habt dem Volk eingetrichtert, alles dies sei zusammengeraubt und müsse daher seinerseits geraubt werden. Ich spreche hier nicht nur von den vom Kapitalismus geschaffenen materiellen Werten in Gestalt von großen und kleinen Industriebetrieben, Maschinen, Eisenbahnen, sondern zugleich von neuen Entwicklungen und Fertigkeiten, jener neuen sozialen Struktur, von der ihr Marxisten ausgegangen seid, als ihr selber das Positive des „kapitalistischen Stadiums" hervorgehoben habt.

Im Jahre 1902 brachen in mehreren Gegenden des Gouvernements Poltawa und des anliegenden Gouvernements Charkow umfassende Bauernunruhen aus. Die Bauern stürmten eines schönes Tages die Gutswirtschaften, raubten und plünderten, und als dann die Gendarmen kamen, fielen sie gehorsam auf die Knie und ließen sich ebenso gehorsam mit Ruten prügeln. Sie wurden danach vor Gericht gestellt, und ich fungierte eine Zeitlang als Mittelsmann zwischen ihnen und den sich zur Verteidigung vorbereitenden Rechtsanwälten. So kam es, daß sich in meinem Poltawaer Arbeitskabinett mitunter eine Menge Bauern einfand, und ich suchte herauszubekommen, wie sie über das Geschehene dachten. Sie waren selber nicht sehr guter Meinung über das, was vorgefallen war. Die ganze Bewegung nannten sie „Räuberei", und die Besonnensten unter ihnen erklärten die Ursachen dieser „Räuberei" auf ihre Weise: „Solang das Kind nicht schreit, schaut die Mutter nicht hin." Sie begriffen, daß Plündern nicht gerade das geeignete Mittel für wie immer geartete Verbesserungen sei, doch zur Verzweiflung getrieben, hofften sie, wenigstens auf solche Weise den „Wohltäter Zar" irgendwie auf ihre Lage aufmerksam zu machen. Das übrige besorgte dann blinde Habgier, und die Bewegung uferte aus. Die zaristische Regierung blieb jedoch blind und taub. Für sie gab es nur weitere Vormundschaft und das „ewig Unverbrüchliche der Prinzipien", daher war sie nicht imstande, aus den so plötzlich und bedrohlich um sich greifenden „Räubereien" die nötigen Schlüsse zu ziehen. Der Versuch (ein recht vernünftiger) einer Agrarreform seitens der ersten Duma wurde abgedrosselt. Und die Beweggründe der Bauernschaft bei ihren „Räubereien" wirkten bis zur Revolution weiter. Ihr Bolschewiki gabt ihnen die endgültige Form. Durch eure Losung „Das Geraubte rauben!" habt ihr erreicht, daß im Verlauf der dörflichen „Räubereien" eine Unzahl landwirtschaftliches Gerät ohne jeden Nutzen für euren Kommunismus vernichtet wurde und daß diese auf die Städte übergriffen, wo in kürzester Frist der vom Kapitalismus geschaffene Produktionsapparat der Zerstörung anheimfiel.

Der Kampf gegen das kapitalistische System nahm den Charakter der Belagerung einer feindlichen Festung an. Jede Art Verwüstung, jede Feuersbrunst innerhalb dieser Festung, jede Vernichtung ihrer Reserven wird von den Belagernden als Vorteil gebucht. Und auch ihr habt jede Zerstörung des kapitalistischen Systems als einen Erfolg gebucht. Dabei vergaßt ihr nur, daß der wahre Sieg der sozialen Revolution, sofern es ihr bestimmt ist, verwirklicht zu werden, darin bestünde, den kapitalistischen Produktionsapparat nicht zu zerstören, sondern ihn in Besitz zu nehmen und auf der neuen Grundlage für sich arbeiten zu lassen.

Jetzt habt ihr das begriffen, aber leider zu spät. In einer Zeit, da dem Land eine furchtbare Gefahr droht, eine von euch außer acht gelassene Front – die feindlichen Naturgewalten.

Bis zum nächsten Brief

4. August 1920

Vierter Brief

Mir scheint, diesmal werde ich ohne konkrete Beispiele auskommen, und will gleich mit den allgemeinen Problemen beginnen, solange die Ereignisse sich nicht wieder meiner Stimmung bemächtigt haben.

Ich beginne diesen Brief unterm Eindruck von der englischen Delegation. In unserm hiesigen Offizialblatt wurde ein Artikel gedruckt oder von irgendwo nachgedruckt, überschrieben „Unsere Trauer", als Kommentar zu Lenins Brief an die englischen Arbeiter. Im Klartext heißt es dort, daß zugleich mit dem Stolz, die Revolution als erste vollbracht zu haben, die russischen Kommunisten die „Tragödie des Alleinseins" erleben. Aus Lenins Brief spricht, jedenfalls scheint es dem Schreibenden so, die

Verwunderung über die Tatsache, „daß in unserer einzigartigen Epoche Arbeiterführer wie die meisten der Rußland besuchenden englischen Delegationsmitglieder überhaupt möglich sind“ ... „Die englischen Gewerkschaftler, die im Grunde genommen nichts gelernt haben, repräsentieren unglücklicherweise immer noch enorme Massen englischer Arbeiter.“

Da ihr, die Partei der Kommunisten, ja nur die „Diktatur des russischen Proletariats“ repräsentiert, drängt sich der Schluß auf, daß unser Proletariat in seiner Masse verglichen mit den englischen Gewerkschaften, einer Bewegung, die auf eine lange Geschichte zurückblickt, weit vorangeschritten ist. Auch in anderen sowjetischen Zeitungen liest man wiederholt, daß die Führer der deutschen Sozialdemokratie, sogar Männer wie Kautsky, als schmähliche Kompromißler und sogar als von der Bourgeoisie „gekauft“ bezeichnet werden.

Lassen wir beiseite was auf das Konto polemischer Unbeherrschtheit und Aggressivität geht, so bleibt immer noch die Tatsache: Das europäische Proletariat ist eurem Beispiel nicht gefolgt, und seine Stimmung entspricht der des amerikanischen Sozialisten Stone, dessen Ansichten ich in meinem zweiten Brief angeführt habe. Dort ist man der Meinung, der Kapitalismus habe selbst in Europa seine Mission noch nicht voll erfüllt und er könne zum Nutzen der Zukunft noch weiter funktionieren. Beim Übergang vom Gegenwärtigen zu der besagten Zukunft unterliege nicht alles der Zerstörung und Vernichtung: Dinge wie Meinungsfreiheit, Versammlungsfreiheit, Freiheit des Wortes und der Presse sind dort keine bloßen „bürgerlichen Vorurteile“, sondern ein unerläßliches Werkzeug für die künftige Weiterentwicklung, eine Art Palladium, errungen von der Menschheit durch ihren langen, nicht erfolglosen Kampf und durch ihren Fortschritt. Nur wir, die wir diese Freiheiten nie wirklich gekannt und auch nie gelernt haben, uns zusammen mit dem Volk ihrer zu bedienen, stempeln sie als „bürgerliche Vorurteile“ ab, die den Gang der Gerechtigkeit hemmen.

Das ist ein enormer Irrtum von euch, er klingt wieder und wieder an den slawophilen Mythos vom „Volk der Gottesträger“ an, doch mehr noch an das Märchen vom Iwanuschka, der nie was gelernt hat, doch mehr als die Gelehrten weiß und dem mühelos alles gelingt, „auf des Hechtes Geheiß“. Und gerade die Leichtigkeit, mit der ihr die Volksmassen mitzureißen vermochtet, zeigt keineswegs, daß wir für ein sozialistisches System reif sind, sondern sie läßt im Gegenteil die Unreife unseres Volkes erkennen. In der Mechanik gibt es den Begriff des nützlichen und des schädlichen Widerstandes. Der schädliche bremst und muß beseitigt werden. Doch ohne den nützlichen Widerstand läuft der Mechanismus leer und bringt nichts hervor. Und das ist bei euch der Fall. Ihr habt maximale Losungen in die Menge geschleudert, ihr kämpft für den Sozialismus und siegt unter seinem Banner auf den Schlachtfeldern, doch der ganze Trubel um den Sozialismus bedeutet noch lange nicht, daß er siegt.

Rumänien ähnelt in vielem Rußland, dort erzählte mir jemand einen Fall, eine originelle, wie eigens erfundene Anekdote, die aber nichtsdestoweniger wahr ist. In Rumänien gibt es noch riesige Latifundien mit allen Attributen unseres urtümlichen Bojarentums. Die Besitzer nennen sich sogar Bojaren, ein Wort, das ja zweifellos slawischen Ursprungs ist.

Die Bojaren, vornehmlich die jungen, zieht es zuweilen zu den radikalen Parteien, viele sind bei Dobregeanu in die Schule des Sozialismus gegangen. Ein solcher Bojare interessierte sich nun auf einer Reise durch die Schweiz für den Anarchismus, und er machte dort die Bekanntschaft eines gelehrten Fachmanns für Gartenbau, der Anarchist war. Man trank Brüderschaft, fand Gefallen aneinander, und so lud der Bojare den Anarchisten zu sich nach Rumänien ein. Er verfügte über riesigen Landbesitz, darunter weite Waldflächen, und beschloß, einen Teil dieser Wälder zu einem öffentlichen Park umzugestalten. Das stimmte mit den Anschauungen des Anarchisten vollauf überein, der nicht ungern den gesamten

Grundbesitz des Bojaren zu Gemeingut gemacht hätte, und ehrlich, wie er war, verhehlte er dies seinem Freund nicht. Er meinte, da es bei den Rumänen solche „Bojaren" gebe, stellen diese offenbar ein junges Volk dar, noch nicht wie die Schweizer von bürgerlichen Vorurteilen angekränkelt, und daß daher die anarchistischen Ideen hier leichter Boden gewinnen würden. Freilich erklärte er von vornherein, bei den ersten Anzeichen einer Revolution werde er keinesfalls gesonnen sein, das Privateigentum des Bojaren zu schützen, sondern er würde es im Gegenteil unbedenklich dem Volk überlassen. Der Bojare hatte nichts dagegen – offenbar hielt er die Gefahr für nicht so aktuell...

Und so legte denn der anarchistische Fachmann für Gartenbau irgendwo weit in Rumänien mit dem Geld und auf dem Grund und Boden des Bojaren einen musterhaften öffentlichen Park an. Sehr bald jedoch machten sich gewisse Unerquicklichkeiten bemerkbar, die mit der „Jugendlichkeit des Volkes" zu erklären sein mochten. Auf den Sitzbänken, an den Baumstämmen, den Wänden gewahrte man Graphiti obszöner Art, die Blumen wurden erbarmungslos ausgerissen, die Zweige an den exotischen Bäumen abgebrochen, und die Toiletten glichen eher Kloaken. Der Anarchist verfaßte hierauf einen schwungvollen Aufruf, in welchem er darlegte, daß der Park dem Volke diene und vom Volk behütet werden müsse. Es sei eine häßliche Tat, Blumen abzurupfen, Zweige abzureißen und unzüchtige Inschriften zu hinterlassen... Doch das „junge Volk" antwortete auf den pathetischen Appell des anarchistischen Theoretikers mit seiner Art von Humor: Es ritzte seine Zoten mit dem Messer ein, verstümmelte Blumenanlagen und Bäume noch rabiater, und die Latrinen waren in einem unbeschreiblichen Zustand. Der Gartenbaufachmann begab sich zum Bojaren und eröffnete ihm:

„Ich kann nicht in Ihrem Land leben. Ein Volk, das nicht weiß, wie es sich an öffentlichen Orten aufzuführen hat, ist von Anarchie, wie ich sie verstehe, noch weltenweit entfernt."

Dies Beispiel illustriert Ihnen meinen Gedankengang. Mangel an bürgerlicher Lebensgewohnheit bedeutet durchaus nicht immer, daß das Land für den Sozialismus reif ist. Unser Anarchist Bakunin schrieb einmal: „Wir müssen uns mit allen Dieben und Räubern des Russenlandes verbünden."[8] Er war durch und durch Theoretiker, ein Anarchist, der das Eigentum theoretisch ablehnte. Der Dieb dagegen lehnt es praktisch ab. Möge sich die Praxis mit der Theorie vereinen. Uns Heutigen kommt dieser Standpunkt sehr naiv vor. Zwischen der Ablehnung des Eigentums durch einen Philosophen und Anarchisten, der weit in die Zukunft blickt, und der eines Taschendiebes liegt ein Abgrund. Der Dieb muß zuerst einmal zurückfinden, muß wieder eine redliche Einstellung zu fremdem Eigentum in sich herausbilden, anders ausgedrückt, zu den Postulaten des „kapitalistischen Stadiums" zurückkehren, erst dann darf er, und nicht als einzelner, sondern als Teil des ganzen Volkes, an die kollektive Ablehnung des Eigentums denken.

Sie werden einwenden, unser Volk sei anders als die Rumänen meines Beispiels. Das weiß ich selber. Und auch bei den Rumänen gibt es Gradunterschiede. Aber – sprechen wir es doch einmal offen und ehrlich aus, in welchem Zustand sich unser Volk befindet.

Sie werden mir wohl zugestehen, daß ich unser Volk nicht weniger liebe als jeder beliebige Bolschewik und daß ich das mit meinem langen, nun zu Ende gehenden Leben bewiesen habe... Nur ist meine Liebe nicht blind, und ich sehe unser Volk nicht als ein bequemes Material für dies oder jenes Experiment, sondern so, wie es in Wirklichkeit ist. Da kam mir beispielsweise in Amerika der erfreuliche Gedanke, daß ein Lynchgericht, wie es sich damals in einem der Südstaaten abgespielt hatte, in unserem Land unmöglich wäre. Ein Neger hatte ein weißes Mädchen vergewaltigt und es dann, aus Angst vor Aufdeckung, ermordet. Die Einwohner des Städtchens verbrannten ihn lebendigen Leibes. Die Zeitungsleute beschrieben den Vorgang mit größter Genauigkeit. Und als die Stricke durchbrannten und der Unglückliche vom Scheiterhaufen rutschte, gestand die Menge dem Vater der Ermordeten die besondere Ehre zu: Er packte mit seinen derben Pranken den Neger und warf ihn in die Flammen zurück.

Ich glaube, sogar jetzt, in einer Zeit größter Verrohung, wäre das bei uns undenkbar. Der Slawe ist seiner Natur nach weicher veranlagt als der Anglosachse. Die Todesstrafe wurde bei uns erst mit dem Christentum durch die Byzantiner eingeführt. Doch das ändert nichts an meiner Meinung, daß Amerika, was ethische Kultur anbelangt, weitaus höher steht. Der Fall mit dem Neger war eine so extraordinäre Erscheinung, daß er die vertierte Reaktion der Menge hervorrief. In der Regel kann ein junges Mädchen dort ungefährdet im Land herumreisen, wohlgeschützt durch eine feste sittliche Ordnung. Können wir von unsern heimatlichen Sitten dasselbe behaupten? Eine junge Reisende läuft in unserem Land auf Schritt und Tritt Gefahr, in die Netze von Unzucht und Ausschweifung zu geraten. Seiner Natur, seinen angeborenen Eigenschaften nach kann es unser Volk mit den besten Völkern der Welt aufnehmen, Grund genug, es zu lieben. Doch was die ethische und kulturelle Erziehung anbelangt, hinken wir weit hinterher. Unserem Volk fehlt die Selbstachtung, die es den Menschen verbietet, gewisse Taten zu begehen, selbst wenn es niemand erfährt. Darüber muß man sich klare Rechenschaft ablegen und die nötigen Konsequenzen daraus ziehen.

Uns steht noch eine recht lange und harte Schule bevor. Sie sprechen vom Kommunismus. Ganz abgesehen davon, daß der Kommunismus noch etwas Ungewisses, Ungeformtes ist und ihr selber noch nicht definiert habt, was ihr darunter versteht, bedarf es für eine soziale Umwälzung in dieser Richtung *anderer Sitten*. Aus demselben Grundstoff C entstehen sowohl herrliche Diamanten wie amorphe Kohle. Folglich liegt da ein Unterschied in der inneren Struktur der Atome vor. Dasselbe gilt für die Atome Mensch, aus denen sich die Gesellschaft zusammensetzt: Man kann nicht aus der betreffenden Gesellschaft im Handumdrehen jede Form kristallisieren. In vielen Schweizer Städten können Sie heute schon seelenruhig einen beliebigen Gegenstand irgendwo stehen lassen, und wenn Sie zurückkommen, steht er noch da. Und bei uns... Wir wollen uns doch nichts vormachen... Eine präzise Statistik ist in diesen Dingen natürlich schwierig, aber Sie kennen ja unsere Redensart: „Was schlecht liegt, führt in Versuchung." Und Sie werden wohl nicht abstreiten, daß in Europa von tausend Leuten, die an dem schlecht liegenden Gegenstand vorübergehen, der Anteil derer, die in Versuchung geraten, wesentlich geringer ist als in Rußland. Und sogar dieser Unterschied ist bei der Kristallisierung von enormer Bedeutung. Letzten Herbst hielt ich mich in einem ukrainischen Dorf auf und sprach oft mit den Bauern über alles, was vorgeht. Und als ich erzählte, daß meine Tochter und ihr Mann in Toulouse ein Jahr lang in einer Wohnung mit vielen Arbeitern lebten und daß sie kein einziges Mal abends die Türen abgeschlossen haben – da war das Staunen groß.

„Und bei uns", meinte bekümmert ein sympathischer, verständiger Bauersmann, „vor allem heutigentags, wenn so ein Bürschlein was anbringt, das ihm nicht gehört, dann lobt ihn manche Mutter noch: Das hast du gut gemacht, sagt sie, du bringst was heim und schleppst nichts fort."

Und das ist nicht besser geworden, seitdem ihr den Kommunismus verkündet habt, sondern es hat sich in horrendem Maße verschlechtert.

Ein kleines, aber bezeichnendes Beispiel: Um dem Lebensmittelmangel abzuhelfen, befürwortete die Stadtverwaltung von Poltawa (noch die „bourgeoise"), daß die ungenutzten Bodenflächen bearbeitet werden sollen. Auf diese Weise wurden vor den Häusern Kartoffeln, Möhren u. a. angepflanzt. Und ebenso auf den ungenützten Flächen im Stadtpark. Mit den Jahren wurde das zur Tradition.

Dies Jahr gerieten die Kartoffeln besonders gut, und doch ließ man sie vor der Zeit roden, ganz einfach weil Nacht für Nacht gestohlen wurde. Wer sie stahl, spielt hier keine Rolle. Im Prinzip geht es um etwas anderes: Die einen hatten die Arbeit, die andern den Nutzen. Ein Drittel der Ernte ging verloren, weil man die Kartoffeln nicht ausreifen ließ, und von dem übrigen konnte man keine Wintervorräte anlegen, weil die unreifen Kartoffeln faulten. Ich sah selber eines Morgens mehrere arme Frauen weinend vor ihren verwüsteten Beeten stehen. Sie hatten sich abgemüht, gegraben, gesteckt, gehäufelt, gejätet. Und dann kamen andere und rissen die Stauden aus, zertrampelten vieles, rodeten Kleinzeug, das noch zwei Monate hätte reifen müssen, und das alles in Hast binnen einer Stunde.

Sie sehen also an diesem Beispiel, das sich sogar so etwas wie die ethischen Eigenschaften des Volkes in Zahlen ausdrücken lassen. Bei einem gewissen ethischen Niveau wäre eine Ernte von der und der Menge zu erwarten gewesen, und die städtische Bevölkerung wäre wenigstens teilweise davon verschont geblieben, im Winter Hunger zu leiden. „Unterm Kommunismus" ging unserem Volk ein enormer Teil der Ernte allein durch ethische Faktoren verloren. Im nächsten Jahr dürfte der Verlust noch größer werden, denn so mancher wird es sich zweimal überlegen, ob er wieder die Leerflächen bestellt, wer möchte sich schon für Diebe abrackern? ... Und keine Erschießungen helfen gegen diese elementaren Vorgänge. Da bedarf es schon anderer Mittel, jedenfalls bis zum Kommunismus haben wir es noch weit.

Ich wollte in diesem Brief nichts Konkretes berühren. Aber es geht wohl doch nicht. Bei uns hat sich nichts geändert. In den Nächten hört man Schüsse fallen. Kommt der Schall von Südwesten, so bedeutet es, daß die Aufständischen im Anmarsch sind. Kommt er von Südosten, vom Friedhof, sind wieder Erschießungen (vielleicht nicht einzelner, sondern vieler) im Gange. Beide Gegner wetteifern miteinander an Grausamkeit. Unser ganzes Poltawaer Land gleicht einem Pulverfaß. Jetzt ist schon die Rede davon, daß die Geiseln, die man in den vom Aufstand erfaßten Ortschaften genommen hat, erschossen werden sollen. Diese Maßnahme, falls man sie ausführt, ist sinnlos, brutal und für die Ausführenden nur schädlich. Während des Krieges, vor allem während meines Aufenthalts in Frankreich, interessierte ich mich für diese barbarische Maßnahme, dies Erbe des Mittelalters, und ich muß sagen, daß es sogar in der Kriegszeit Geiselerschießungen offenbar nicht gegeben hat. Die Franzosen beschuldigten dessen die Deutschen, die wiederum die Franzosen. Doch mir scheint, die Geiselnahmen dienten nur dem Zweck, sich gegenseitig beschuldigen zu können, und nicht dazu, tatsächlich ausgeführt zu werden. Und dasselbe bei uns: Den jungen Leuten, die sich jetzt in den Wäldern verstecken, und Machno, der schon in der Nähe lauert, bereitet es wenig Kopfschmerzen, ob ein paar Leute niedergeschossen werden. Es bringt ihnen höchstens ein paar neue Anhänger ein, verbittert hingegen endgültig die neutrale Bevölkerung. Darin liegt wohl auch der Grund, daß es vorläufig zu keinen Geiselerschießungen gekommen ist. Doch reicht es schon, daß die Gefängnisse voll von Geiseln sind*. In wie vielen Familien herrscht tiefes Leid – ich sehe das an den Menschen, die weinend zu mir kommen. Und wie viele Arbeitskräfte werden von den Familien fortgerissen, gerade jetzt, wo die Ernte eingebracht wird.

Machno, der sich apropos selber Anarchist nennt, hat übrigens in den von ihm besetzten Gegenden schon eignes Geld herausgegeben. Wie ich hörte, mit zwei Aufschriften. Die eine lautet: „Frauchen, sei froh, viel Geld hat jetzt Machno". Und die zweite: „Wer dieses Geld nicht nimmt, wird von Machno vertrimmt".

An sich ist dieser Machno eine originelle Erscheinung und in gewissem Maße bemerkenswert. Er ist ein typisches Produkt des ukrainischen Volkes (wenn nicht breiter). Keine der kämpfenden Seiten ist

** Schlimm! Danach meldete sogar die offizielle „Iswestija" Erschießungen von Geiseln.*

ohne ihn ausgekommen. Euch half er bei der Einnahme des Donezbeckens. Dann half er der Freiwilligenarmee, wenn auch passiv, die Front bereinigen. Bei der letzten Einnahme Poltawas half er mit seinen Truppen wiederum euch. Und danach erklärte ihn die Sowjetmacht als außerhalb des Gesetzes stehend. Aber er lacht sich nur eins, und sein Lachen erinnert sehr an die Mephistogrimasse eurer Revolution.

19. August 1920

Fünfter Brief

Unwillkürlich macht man sich Gedanken über die Ursachen der offenkundigen Differenz zwischen den westeuropäischen sozialistischen Führern und den Führern des russischen Kommunismus. Eure monopolisierte Presse möchte den Grund darin sehen, daß sich die sozialistischen Führer Westeuropas an die Bourgeoisie verkauft haben. Aber das ist, entschuldigen Sie, genauso albern und sinnlos wie seinerzeit der Vorwurf, Sie seien von den Deutschen gekauft.

Es ist unnötig, niedrige Motive zu suchen, um diese Differenz zu erklären. Die Ursache liegt viel tiefer, nämlich in der enormen Divergenz der Anschauungen. Die Führer der europäischen Sozialisten stehen schon seit Jahrzehnten an der Spitze des legalen Kampfes ihrer proletarischen Massen, sie sind längst in diese Massen eingedrungen und haben eine umfassende, gut strukturierte Organisation geschaffen, deren legale Anerkennung sie durchgesetzt haben.

Ihr dagegen befandet euch niemals in dieser Lage. Ihr habt stets nur konspiriert, höchstens die Konspiration geleitet und versucht, sie in die Arbeiterschaft zu infiltrieren. Daraus erwächst eine ganz andere Einstellung, eine andere Mentalität.

Bei jeder Entscheidung, die die westeuropäischen Sozialisten trafen und ihren Anhängern anempfahlen, pflegten sie sorglich und allseitig jeden Schritt abzuwägen. Wurde beispielsweise ein Streik ausgerufen, so zogen die Führer nicht nur die agitatorische Wirkung in Betracht, sondern zugleich die möglichen Folgen für die Arbeiterschaft, darunter sogar auch die Lage in der betreffenden Industrie. Ob die Arbeiterschaft den Streik durchstehen könne, ob das Kapital die Forderungen der Arbeiter ohne ernstliche Störungen der Produktion zu erfüllen vermag, was sich ja wiederum auf die Arbeiter auswirken würde? Kurzum, sie fühlten sich nicht nur für die Aktion verantwortlich, sondern auch für die Folgen, die die von ihnen empfohlene Maßnahme für das Wohl der Arbeiter nach sich ziehen würde. Sie gingen stets von der Tatsache der wechselseitigen Abhängigkeit von Kapital und Arbeit aus.

Ihr habt euch zu keiner Zeit in dieser Lage befunden, denn infolge der unsinnigen Unterdrückung seitens der Zarenherrschaft war es euch unmöglich, legal aufzutreten. Ihr selber gingt dabei auch ein Risiko ein – ihr kamt ins Gefängnis für etwas, das in ganz Europa als ein Recht der Massen und ihrer Führer anerkannt war, und die Gefahr von Kerker, Verbannung, Zwangsarbeit enthob euch in euren eignen Augen und der der Arbeiter jeder Art von sonstiger Verantwortung. Und mußten durch eure verschiedenen Fehler die Arbeiter und ihre Familien oft nutzlos hungern und große Not leiden, blieb euch in anderer Form euer Teil Plage auch nicht erspart.

So wurde es euch denn zur Gewohnheit, immer nur das Extremste zu verlangen, die letzten Konsequenzen eures Schemas, die Endergebnisse. Das Fingerspitzengefühl für das Wirkliche, für die verwickelten Möglichkeiten des Kampfes ging euch ab, das ist auch die Ursache eurer einseitigen Vorstellung vom Kapital, das für euch ausschließlich ein Räuber ist, ohne die die Sache komplizierende Vorstellung von seiner organisierenden Rolle in der Produktion.

Und die weitere Folge: eure Enttäuschung und Verbitterung, was den westeuropäischen Sozialismus anbelangt.

Anfangs folgten euch die Arbeiter. Wie denn auch anders? Nach der idiotischen Unterdrückung jeglicher Versuche eines Kampfes gegen das Kapital habt ihr sofort die Diktatur des Proletariats verkündet. Den Arbeitern schmeichelte das, und es erweckte große Hoffnungen... Sie strömten euch ungestüm zu, d. h. dem Traum von der sofortigen Verwirklichung des Sozialismus.

Doch die Wirklichkeit bleibt Wirklichkeit. Den Arbeitermassen geht es immerhin nicht wie euch um das bloße Schema, nicht nur um das Endergebnis, sondern für sie ist es eine Frage ihres eignen unmittelbaren Lebens und das ihrer Familien. Und die Arbeiter spürten die Folgen eures schematischen Herangehens als erste. Über das Kapital habt ihr gesiegt: zerschlagen, verstümmelt liegt es zu euren Füßen. Dabei habt ihr nur übersehen, daß es noch durch solche organischen Fäden mit der Produktion verbunden ist und daß ihr, indem ihr es getötet habt, damit zugleich die Produktion getötet habt. In eurem Jubel, über Denikin, Koltschak, Judenitsch und über die Polen gesiegt zu haben, wurdet ihr nicht gewahr, daß ihr an einer viel wichtigeren und größeren Front eine volle Niederlage erlitten habt. Jener Front, an deren ganzer Länge die feindlichen Naturkräfte ihren Krieg gegen den Menschen führen. Durch euren nur auf Zerstörung des kapitalistischen Systems ausgerichteten Drang bliebt ihr für alles blind, was nicht auf dies Ziel hinauslief. Und damit habt ihr das Land in eine fürchterliche Lage gebracht. In meinem Buch „Das Hungerjahr"[9] versuchte ich vor langer Zeit, den von der Zarenherrschaft herbeigeführten trostlosen Zustand zu beschreiben: riesige Gebiete des getreidereichen Rußland waren von der Hungersnot befallen, und der Hunger nahm zu. Heut verhält es sich noch viel schlimmer: vom Hunger befallen ist *ganz Rußland*, angefangen mit den Hauptstädten, wo auf der Straße Menschen vor Hunger tot umgefallen sind. Man sagt, es sei euch jetzt gelungen, die Versorgung von Moskau und Petersburg zu regeln (für wie lange und um welchen Preis?). Dafür sind in der Provinz unvergleichlich größere Gebiete von der Hungersnot ergriffen als seinerzeit in den Jahren 1891/92. Und vor allem, ihr habt das zerstört, was Stadt und Land bisher organisch verbunden hat, nämlich den natürlichen Warenaustausch. Das müßt ihr nun durch künstliche Maßnahmen ersetzen, durch „Zwangsenteignungen", konfiszierende Strafabteilungen. Das Dorf erhält keine Landmaschinen, mehr noch, es muß sogar für eine Nähnadel zweihundert Rubel bezahlen, ihr aber verordnet feste Getreidepreise, die für die Landbevölkerung offenkundig ungünstig sind. In euren Zeitungen wollt ihr in den für die Landbevölkerung bestimmten Artikeln beweisen, es sei vorteilhaft für das Dorf, euch zu unterstützen. Doch – mal ganz abgesehen von der eigentlichen Frage – ihr redet in verschiedenen Sprachen; unser Volk ist noch nicht gewöhnt, die Erscheinungen abstrakt zu sehen.

Jeder Ackermann weiß nur, daß man ihm etwas abnimmt, was er hervorgebracht hat, und die Bezahlung ist offenkundig nicht mit der aufgewandten Arbeit adäquat. Daraus zieht er seine Schlüsse: er versteckt sein Getreide, bunkert es ein. Ihr findet die Gruben, konfisziert das Korn, zieht mit Feuer und Schwert durch das ländliche Rußland und die Ukraine, brennt ganze Dörfer nieder und freut euch über die Erfolge eurer Beschaffungspolitik. Fügt man dann noch hinzu, daß auch in vielen anderen Gebieten Rußlands Hunger herrscht, daß die Massen hungernder Menschen blindlings von dort zu uns in die Ukraine flüchten, wobei die Familienväter aus der Gegend um Kursk und Rjasan sich selber vor den Karren mit den Kindern und der kümmerlichen Habe spannen, weil sie kein Vieh haben, so ergibt sich ein Bild, noch erschütternder als alles, was ich im Hungerjahr gesehen habe... Und das beschränkt sich nicht nur auf die von der Mißernte befallenen Gegenden. Schon vor zwei Monaten sah ich hier in Poltawa einen Mann, der seit sechs Tagen „keinen Bissen Brot mehr im Mund" gehabt hatte, er ernährte sich notdürftig mit Rüben, Kartoffeln... Und nun, zu all dem steht der Winter vor der Tür, zum Hunger gesellt sich die Kälte, und für eine Fuhre Holz werden zwölftausend Rubel verlangt. Das bedeutet, daß die enorme Mehrheit der Bevölkerung, sogar die verhältnismäßig besser Gestellten wie eure Sowjetbeamten (ausgenommen höchstens die Kommunisten) völlig schutzlos der Kälte ausgesetzt sein werden. Die Temperatur in den Wohnungen wird sich kaum von der im Freien unterscheiden. An dieser Front habt ihr die gesamte städtische Bevölkerung und teilweise auch die ländliche auf Gnade und Ungnade der feindlichen Naturgewalt ausgeliefert, und das wird nicht nur der ruinierte, „verdächtige", unzuverlässige Mann im Zivilrock zu spüren bekommen, sondern ebenso der Mann im Arbeitszeug. Das Volk hat für diesen Zustand schon eine verallgemeinernde Formel gefunden. Ein früherer Bauer, der jetzt in der Stadt ein Fuhrgeschäft betreibt, sagte mir einmal mit einem bitteren und bösen Lächeln:

Wär der dumme Nikolai noch da,
Wär das Brot nicht gar so rar.
Doch bei den Kommunisten, die nicht dumm,
Läuft man mit leerem Magen rum.
Auch für Geld kriegt man kein Stückchen Brot.

Das ist nicht eigens erfunden, es liegt in der Luft, ersteht aus dem unmittelbaren Erleben, den jedermann sichtbaren Tatsachen.

So beginnt denn die Arbeiterschaft euren Grundirrtum zu spüren, und es kommen die Stimmungen auf, die ihr an der gewaltigen Mehrheit der westeuropäischen Sozialisten so sehr verurteilt, nämlich eine merkliche Zunahme des Menschewismus, d. h. eines Sozialismus, doch nicht vom maximalistischen Typ. Er verneint die sofortige und radikale sozialistische Umwälzung, deren erster Akt ist, den Kapitalismus als feindliche Festung zu vernichten. Er bejaht, daß einige Errungenschaften des bürgerlichen Systems Volksgut sind. Ihr bekämpft diese Anschauungen. Vormals hieß es, Rußland werde autokratisch vom Willen des Zaren regiert. Doch wenn irgendwie der Wille dieses armen Kerls von Zaren nicht ganz mit den Absichten der herrschenden Bürokratie übereinstimmte, standen der tausend Möglichkeiten zur Verfügung, den Selbstherrscher kirre zu machen. Geht es dem ebenso armen Kerl, dem jetzigen „Diktator", nicht ganz ähnlich? Auf welche Weise erfahrt ihr, was er will, und wie gebt ihr seinem Willen Ausdruck? Eine freie Presse gibt es bei uns nicht, freie Wahlen auch nicht. Pressefreiheit ist für euch nur ein bürgerliches Vorurteil. Dabei macht das Fehlen einer freien Presse euch blind und taub für das wahre Leben. In euren offiziösen Blättern herrscht landesweit Wohlergehen, während in Wirklichkeit die Menschen, vom Hunger blind, ganz gleich wohin getrieben werden. Ihr verkündet den Sieg des Kommunismus im ukrainischen Dorf, in Wirklichkeit brodelt es im ukrainischen Land vor Haß und Zorn, und die Tscheka faßt bereits die Erschießung der bäuerlichen Geiseln ins Auge. In den Städten herrscht auch schon Hunger, und ein furchtbarer Winter bricht an, ihr aber habt nur eins im Sinn: die Meinung des Proletariats zu fälschen. Kaum regt sich irgendwo in der Arbeiterschaft ein selbständiger Gedanke, der nicht ganz mit eurer Politik übereinstimmt, sofort greift ihr Kommunisten ein. Die betreffende Gewerkschaftsleitung bekommt das Schildchen „weiß" oder „gelb" angehängt, die Mitglieder werden verhaftet, die Leitung wird aufgelöst. Und sodann erscheint in eurer offiziösen Presse ein Jubelartikel, überschrieben „Freie Bahn dem roten Buchdrucker" oder sonst einer roten, bisher in der Minderheit befindlichen Arbeitergruppe. Aus der Summe aller dieser Erscheinungen ergibt sich, was ihr „Diktatur des Proletariats" nennt. Jetzt erleben wir das auch in Poltawa: Die Tscheka, diesmal in vollem Einverständnis mit andern Stellen, verhaftet durchwegs die Menschewiken. Alles, was in der „unzuverlässigen" sozialistischen Opposition irgendwie herausragt, sitzt im Gefängnis, ungeachtet der Tatsache, daß viele von ihrer nützlichen Arbeit losgerissen wurden (denn ohne die Mitwirkung der „unzuverlässigen" Menschewiken geht es ja doch nicht). Und so könnt ihr denn einen neuen „Triumph" des Kommunismus verbuchen.*

Aber ist das ein Triumph? Noch unterm Zaren, als die Zensur periodisch die Schrauben mal lockerte, mal anzog, war in einem humoristischen Blatt der Zar abgebildet, wie er auf Bajonetten sitzt. Die Unterschrift lautete: „Ein unbequemes Sitzmöbel" oder so ähnlich. In derselben Lage befindet sich jetzt eure herrschende Kommunistische Partei. Auf dem flachen Land ist ihre Lage geradezu tragisch. Immer wieder werden ermordete oder verstümmelte Kommunisten und Kommissare in die Stadt gebracht. Eure Zeitungen drucken pompöse Nachrufe, und eure Partei tröstet sich damit, daß die Schuldigen nur die Dorfreichen seien, was euch jedoch nicht hindert, ganze Dörfer einzuäschern – reich und arm, ganz egal. Und auch in den Städten haltet ihr euch nur kraft des Militärs, andernfalls würde sich eurer Anteil sehr bald ändern. Eure nächsten Verbündeten, die menschewistischen Sozialisten, sitzen im Gefängnis. Ich beobachte das auf Schritt und Tritt. 1905, als ich noch gesund und aktiver war, hatte ich eine Zeitlang gegen zunehmende Pogromstimmungen anzukämpfen, die sich offenkundig nicht nur gegen die Juden, sondern auch gegen die streikenden Arbeiter richteten. Trotz des Streikes druckten damals die Setzer der hiesigen Druckerei den Aufruf der Zeitung „Poltawstschina" und meinen. So kam ich denn automatisch mit diesen Leuten in nähere Berührung. Ich erinnere mich eines Mannes – er war deutlich links eingestellt und überdies heißblütig. Seine Reden lenkten die Aufmerksamkeit der Gendarmerie auf sich, und als dann die Reaktion einsetzte, wurde er zunächst nach Wologda und später nach Ust-Sysolsk verbannt. Nawrozki hieß er. Jetzt ist er in Poltawa und ... eure Tscheka hat ihn wegen einer Rede auf einer Versammlung der Buchdrucker verhaftet**. Sooft ich jetzt von den „gelben" Buchdruckern in Moskau und Petersburg lese, kommt mir unwillkürlich der Gedanke: Wie viele solche Nawrozkis, die im Kampf gegen die zaristische Reaktion ihre Hingabe für die wirkliche Befreiung der Arbeiterklasse bewiesen haben, werden jetzt als „Gelbe", d. h. unzuverlässige Sozialisten, von der kommunistischen Tscheka verhaftet. Eine Zeitlang war sogar davon die Rede,Nawrozki soll wegen seiner Rede gegen die neuen Einschränkungen der Meinungsfreiheit bei den Arbeitern erschossen werden. Nichts leichter als das – es hätte vollauf geschehen können. Doch dann wäre der Unterschied zwischen der Tscheka und den ehemaligen Gendarmeriestellen kraß zutage getreten. Die letzteren hatten kein Recht zu Erschießungen. Unsere Tscheka dagegen besitzt dieses Recht und macht mit grauenvoller Leichtigkeit und Schrankenlosigkeit davon Gebrauch.

Sechster Brief

Was trennt euch von den Führern des westeuropäischen Sozialismus und in zunehmendem Maße auch von unserer eignen Arbeiterschaft? Die Antwort habe ich bereits gegeben: euer Maximalismus.

* *Viele Menschewiken sind jetzt nach Georgien ausgewiesen.*

** *Im Oktober wurde Nawrozki von der Tscheka in den Norden verbannt. Ich schrieb in dieser Angelegenheit nach Charkow. Meine "Zuschriften" an die leitenden Stellen blieben erfolglos. Nawrozki befindet sich zur Zeit in Freiheit, dafür wurde sein Sohn, der schon in seiner Kindheit mit seinem Vater die Verbannung teilte, in den Norden deportiert. Die Geschichte wiederholt sich.*

Logisch ist das ganz einfach: Man verlangt sofort alles und restlos alles. Wer aber angesichts der Schwierigkeit und oft der Unausführbarkeit der Aufgabe zögert, den nennt man inkonsequent, dumm, vielfach auch einen Verräter des Sozialismus, einen Kompromißler, Koltschak-, Denikin- Anhänger, kurzum einen Verräter.

Das Prekäre eures Herangehens liegt nur darin, daß ihr selber nicht alles auf einmal bewältigen könnt.

Zum Beispiel habt ihr das Geldsystem beim alten gelassen. Selbstverständlich nur für die „erste Zeit", bis der „neue Apparat des Austausches", etwa die öffentliche Versorgung, sich eingespielt hat. Aber darauf werden wir lange warten müssen. Und da kommt dann irgendein noch größerer Maximalist, malt die Folgen des Geldsystems aus, das in der Tat ein charakteristisches Merkmal des Kapitalismus ist, und leitet daraus logisch den Vorwurf ab: Ihr habt das zugelassen, also nehmt ihr die Folgen in Kauf. Noch ein paar logische Stüfchen weiter, und ihr seid – Koltschak- oder Denikin- Leute, Verräter des Sozialismus. Redet euch nicht darauf hinaus, das sei ja nur zeitweilig, eine Übergangsetappe. Der Kern des Problems liegt ja gerade darin, wie weit man im Kompromiß zwischen dem Ideal und der Wirklichkeit geht, den sowohl ihr wie auch die westeuropäischen Sozialisten als „zeitweilig" anerkennen. Ihr seid Schematiker und Maximalisten, und sie suchen das Maß des revolutionär Möglichen. Ihr findet es unmöglich, sofort das Geldsystem abzuschaffen, und sie sehen noch eine ganze Menge anderer unmöglicher „Soforts".

Die Logik ist ein mächtiges Denkwerkzeug, doch längst nicht das einzige. Da gibt es noch die Vorstellungskraft, die uns befähigt, das Komplizierte der konkreten Erscheinungen zu erfassen. Und diese Eigenschaft ist unabdingbar bei der Verwaltung eines so riesigen Landes. Bei euch hat das Schema gänzlich die Vorstellung verdrängt. Ihr seid außerstande, euch vorzustellen, wie verwickelt die Wirklichkeit ist. Ein Mathematiker errechnet beispielsweise, wie lange ein mit der und der Geschwindigkeit abgefeuertes Geschoß braucht, um den Mond zu erreichen, doch schon der Physiker stellt sich deutlich die Unmöglichkeit dieses Unternehmens vor, jedenfalls beim heutigen Stand der Technik. Ihr seid lediglich die Mathematiker des Sozialismus, seine Logiker und Schematiker. Ihr sagt: Wir wären längst am Ziel, uns hindern nur die Bourgeoisie aller Länder und die Führer des Sozialismus samt der Mehrheit der Arbeiter in Westeuropa, die üben Verrat, sie machen nicht, was wir gemacht haben, sie zerstören nicht den Kapitalismus.

Allem zuvor: Ihr habt nur gemacht, was am leichtesten ist: Ihr habt den russischen Bourgeois vernichtet, der unorganisiert, unvernünftig und schwach war. Ihr wißt, der europäische Bourgeois ist viel stärker, und das europäische Proletariat ist keine so blinde Herde, daß es sich mit ein paar ersten Aufrufen in den Maximalismus treiben ließe. Es begreift, einen Apparat zu zerstören, dazu gehört nicht viel, aber in diesem Fall wird man ihn im Laufe der Aktion umbauen müssen, damit die Produktion in Gang gehalten wird, die das einzige Mittel ist, womit sich der Mensch gegen die ewig feindlichen Kräfte der Natur schützt. Die westeuropäischen Arbeiter haben mehr Wirklichkeitssinn als ihr Führer des Kommunismus, und daher sind sie keine Maximalisten. Nach dem Briefwechsel zwischen Segrew und Lenin[10] ist es klar: Die europäische Arbeiterschaft unterstützt euch im ganzen nicht in eurem Maximalismus. Sie bleibt neutral im Rahmen des Kompromisses.

Hier in Poltawa wurde gleich nach der Revolution die städtische Selbstverwaltung ausgewechselt. Sie wurde demokratisch und schaltete sich in den bisherigen Gang der Versorgung ein. Unter anderm wurde ein städtisches Holzlager angelegt, und als die Holzhändler die Preise maßlos in die Höhe schraubten, wurde mehr Holz zum Verkauf freigegeben, worauf die Preise fielen. Man posaunte das als Sozialismus aus. Die unerschütterlichen Anhänger des Kapitals zogen den „freien Handel" ohne jede

Einmischung vor. Vermutlich betrachtet ihr das als reichlich bescheiden. Doch Poltawa blieb jedenfalls von der Winterkälte verschont.

Das ist natürlich eine Kleinigkeit, doch sie erläutert meinen Gedanken. Nur so darf man sich im Zug der Geschehnisse in die Versorgung einmischen, ohne sie völlig lahmzulegen. Später, wenn man schon einige Erfahrungen gesammelt hat, kann man weitergehen und die Einmischung auf immer mehr Gebiete ausdehnen, bis die Gesellschaft schließlich zum Sozialismus übergeht. Das ist ein langsamer Weg, aber der einzig mögliche. Ihr dagegen habt unverzüglich alle bürgerlichen Arten des Erwerbs von lebensnotwendigen Dingen unterbunden, und jetzt steht Poltawa, das von nahen Wäldern umgebene Zentrum einer Getreide erzeugenden Zone, völlig schutzlos dem Hunger und dem bevorstehenden Winter preisgegeben. Und ebenso verhält es sich überall mit der Versorgung. Eure Zeitungen vermelden hocherfreut, daß unter General Wrangel auf der Krim das Pfund Brot schon 150 Rubel kostet. Und bei uns (bzw. bei euch) in Poltawa, in der Kornkammer Rußlands, kostet es 450 Rubel, d. h. dreimal so viel. Und ebenso ist es mit allem übrigen.

Wie ich erwähnte, ist es bei uns in Poltawa schon Tradition, daß die Einwohner mit ihren Problemen zu mir kommen als zu einem Schriftsteller, dem es hin und wieder gelungen ist, die Schranken der Zensur zu durchbrechen. Früher waren das Menschen, die vom zaristischen Regime verfolgt wurden. Jetzt sind es die Angehörigen der von euch Verhafteten. Unter den letzteren befinden sich viele Gerber. Das Leben verlangt das Seine, trotz eures Verbots fertigen die Gerbermeister mitunter auf Bestellung Leder an, denn angesichts des baldigen Winters ist der Bedarf an Schuhwerk groß. Die ländlichen Exekutivkomitees drücken ein Auge zu, und so wird im stillen eine kleine Menge Leder hergestellt, bis... bis das Verbrechen euren Stellen zu Ohren kommt und schleunigst damit Schluß gemacht wird. Ihr wollt die gesamte Produktion „mit einem Schlag" auf sozialistische, ja kommunistische Grundlage umgestellt haben, und jeden Kompromiß stempelt ihr als Zugeständnis an bürgerliche Wirtschaftsformen ab. Ihr könnt natürlich einwenden, es gäbe ja schon da und dort „sowjetische Gerbereien", doch was bedeuten diese bürokratischen Kunstgebilde, gemessen an dem wie ein Ozean unermeßlichen Bedarf. Und das Resultat – seht euch an, worin eure Rotarmisten und eure arbeitende Intelligenz herumlaufen: die Rotarmisten nicht selten in Bastschuhen und die gebildeten Angestellten nicht selten in hausgemachten Holzsandalen. Das erinnert zwar an das klassische Altertum, ist aber doch für die anbrechende Winterszeit eine sehr unbequeme Fußbekleidung. Und wenn man fragt, was wird, sieht man als Antwort oft nur Tränen.

Das Herz krampft sich zusammen, wenn man an das Los jener Intelligenzia genannten russischen Gesellschaftsschicht denkt. Schauen Sie sich die Gehälter an und vergleichen Sie die mit den Brotpreisen. Sie werden sehen, welche groteske, vielmehr tragische Disproportion da herrscht. Und doch lebt man irgendwie... Wie? Indem man das letzte Bißchen der einstigen Habe auf den Markt trägt: Tischdecken, Tücher, Mäntel, Jacken, Hosen. Bildlich ausgedrückt, man ißt auf, was man früher unterm bürgerlichen Regime, das gewisse Reserven ermöglichte, zubereitet hat. Heute fehlt es am Notwendigsten, und das lawinenartig anwachsend. Die bürgerliche Industrie habt ihr zerschlagen, doch nichts geschaffen, was sie ersetzt. Und eure Kommune, einem gigantischen Parasiten gleich, ernährt sich vom Leichnam. Alles wird zerstört: die Häuser, die ihr den früheren Besitzern abgenommen habt und die kein Mensch instandhält, verfallen, die Zäune werden als Brennholz verfeuert, kurzum, rundherum Ruin.

Klar, daß es so nicht weitergehen kann. Dem Land droht eine nie dagewesene Katastrophe. Ihr erstes Opfer ist die Intelligenzia. Dann kommt die städtische Arbeiterschaft an die Reihe. Am längsten halten sich die gutgestellten Parteikommunisten und die Rote Armee. Doch sogar in ihren Reihen machen sich bei den ehrlichen Menschen schon Anzeichen von Verelendung bemerkbar. Am besten geht es den Dieben und Räubern. Und das ist natürlich: das Fundament, auf dem ihr baut, ist der Egoismus, und ihr verlangt von den Menschen Opferbereitschaft. Beweist doch, daß es für einen Bewaffneten vorteilhaft ist zu verhungern und nicht den Unbewaffneten auszuplündern.

Ich führte bereits eine charakteristische Kleinigkeit aus dem Alltagsleben an. Die Gemüsegärten werden geplündert, und das nimmt Ausmaße an, daß einem die Lust vergeht, sich noch mal die Mühe zu machen, dabei verschwieg ich jedoch, welche Rolle die Rotarmisten dabei spielten. Es kam vor, daß die Besitzer den Dieben eine Falle stellten. Wurden zivile Bürger beim Stehlen erwischt, rannten sie verwirrt davon. Bloß die Rotarmisten antworteten schlicht: „Was wollt ihr, sollen wir hungrig rumlaufen? Wie denkt ihr euch das?" Und sie klauten seelenruhig auf dem Nachbargrundstück weiter. Und noch eine andere solche Kleinigkeit. Vor nur zwei Wochen ging ein in Poltawa stationiertes Rotarmistenregiment an die Front ab. Der Stab befand sich im Haus neben meiner Wohnung, und morgens traten auf der Straße die Soldaten an. Auf unserm Hof stehen mehrere Nußbäume. Das war verlockend, und vor dem Abmarsch füllte sich unser Hof mit Soldaten. Kaum zu beschreiben, was sie trieben. Sie kletterten auf die Bäume, brachen Äste und Zweige ab, dabei gerieten sie vor Hast wie Kinder in Rage, warfen mit Holzkloben, Ziegeln, Steinen in die Bäume, ungeachtet der Gefahr für die oben Hockenden und für unsere Fensterscheiben. Ein paarmal sauste so ein Holzkloben gegen einen Fensterrahmen, glücklicherweise wurde keine Scheibe getroffen, denn Sie wissen ja, was eine zerbrochene Fensterscheibe heutzutage bedeutet. Wir mußten uns an die Kommandostelle wenden, aber auch die vermochte das Treiben nur für kurze Zeit zu stoppen. Eine Minute später war der Hof wieder voll. Ich konnte die Soldaten kaum überreden, nicht die Fenster einzuschlagen. Erst als alle Bäume leergeplündert und verstümmelt waren, zogen die Rotarmisten ab, nachdem sie sich noch eine feierliche Ansprache angehört hatten, des Inhalts, daß die Rote Armee ins Feld zieht, um eine neue Gesellschaft aufzubauen... Mit Kummer ging es mir durch den Sinn, wieviel Unheil uns demnächst bevorsteht, wenn die Menschen, getrieben nicht vom Hunger nach Nüssen, sondern nach Brot, Brennholz, Kleidung und Schuhen, mit der gefährlichen Arglosigkeit von Kindern statt über Nußbäume über die Dinge des täglichen Bedarfs herfallen werden. Dann könnte sich herausstellen, daß wir statt des Sozialismus nur eine wüste Soldateska im Stil der Janitscharen eingeführt haben.

Im persönlichen Gespräch mit Ihnen äußerte ich mich schon über den Unterschied bei der Einnahme Poltawas durch die Rote Armee und durch die Truppen der Freiwilligen Armee. Die letzteren plünderten die Stadt ganz offen mit „Genehmigung der Vorgesetzten". Die Armee besetzte die Stadt in voller Disziplin, und gegen vereinzelte Raubüberfälle durch Banditen wurde sofort eingegriffen. Erst später, als die Erschießungen ohne Gerichtsurteil einsetzten, die Requirierung von Wohnungen (was nicht selten auch Angehörige der werktätigen Klassen betraf), wichen diese Eindrücke anderen Gefühlen. Ihr versteht es besser als die Freiwilligen, neue Gebiete zu besetzen, doch halten könnt ihr sie nicht, ebenso wie die – so schloß ich damals. Aber nun erzählen Leute, die aus Kiew kommen, die Rote Armee habe vor ihrem Abmarsch Anweisung erhalten, „sich auf Kosten der Bourgeoisie einzukleiden". Sollte sich das bewahrheiten, und die Nachricht scheint mir authentisch, so bedeutet es, daß ein gefährliches Symptom bereits eintritt: Sie enden damit, womit die Denikin-Leute angefangen haben. Die Kiewer berichten, die Plünderungen haben diesmal mehr als eine Woche gedauert, und das dürfte darauf hinweisen, daß der letzte Akt unserer Tragödie begonnen hat.

Ich spüre, ich muß mit meinem Briefschreiben aufhören. Es zieht sich schon zu lange hin und hält mich von meinen anderen Arbeiten ab. Außerdem wäre über diesen Gegenstand viel mehr und mit größerer Sachkenntnis zu sagen, dafür aber fehlt mir die Zeit und Gesundheit. So resümiere ich denn kurz: Ihr seid leichten Herzens an euer schematisches Experiment herangegangen und hofft, es würde der Auftakt zur maximalistischen Weltrevolution sein. Ihr müßt aber selber einsehen, daß ihr euch darin geirrt habt: nach dem Besuch der ausländischen Arbeiterdelegation, nach dem Brief von Segrew und der Antwort von Lenin zerstiebt dieser Traum sogar bei eurem Optimismus. Ihr müßt euch mit dem leichten Sieg des konsequenten schematischen Optimismus über die „Kompromißler" begnügen, doch es ist bereits klar, daß die Arbeiterschaft Europas im ganzen euren Weg nicht beschreitet und daß Rußland, welches gewohnt ist, sich jeder Unterdrückung zu unterwerfen, und das keine Formen entwickelt hat, seiner wahren Meinung Ausdruck zu verleihen, gezwungen sein wird, auf diesem traurigen, düsteren Weg in vollem Alleingang zu schreiten.

Wohin? Was ist unter eurem phantastischen Kommunismus zu verstehen? Bekanntlich wurden schon im vorigen Jahrhundert Versuche unternommen, den Traum vom Kommunismus zu verwirklichen. Und Sie wissen auch, womit das geendet hat. Robert Owen, die Anhänger von Fourier, Saint-Simon, Cabet – das ist die lange Liste der in Europa und Amerika unternommenen Versuche. Sie alle endeten mit einem traurigen Fiasko, mit Zerstrittenheit, mit einer Tragödie für ihre Urheber wie etwa die Tragödie Cabets. Und alle diese hochherzigen Träumer gelangten schließlich zu der Einsicht, daß die Menschheit sich zuerst einmal ändern müsse, bevor man das Eigentum abschaffen und zu kommunalen Lebensformen übergehen könne (falls die Kommune überhaupt durchführbar ist). Der sozialistische Historiker Renard schreibt, daß Cabet und die Kommunisten seines Schlages eine allzu versimpelte Lösung des Problems anstrebten: „Unter den uns umgebenden Gegenständen gibt es solche, die in individuellem Besitz verbleiben sollen und müssen, und andere, die zu Kollektiveigentum zu machen sind." Der Prozeß der Verteilung – ihr habt ihn so leichtmütig in Angriff genommen – ist in Wirklichkeit ein langwieriger und schwieriger Prozeß, für den zuvor die „objektiven und subjektiven Voraussetzungen" geschaffen werden müssen und für den die Anspannung aller aktiven Energien und vor allem Freiheit notwendig sind. Nur eine solche Aktivität aller und die Freiheit aller solcher Versuche werden erweisen, was der praktischen Kritik standhält und was untauglich ist. Renard schreibt: „Cabet (und andere Utopisten – setze ich hinzu) hat noch nicht das Prinzip gefunden, das die Scheidelinie definiert. Für ihn spielen die Macht und die Einheit eine zu große Rolle. Der Gemeindestaat, von dem er träumte, erinnert an eine Knabenpension, wo die jungen Leute gesunde und mäßige Kost erhalten, wo ihr Verstand und ihr Körper uniformiert werden, wo man ihnen beibringt, auf ein Klingelzeichen zu arbeiten, zu essen, aufzustehen. Die Einförmigkeit dieser strengen Disziplin weckt Langeweile und Abscheu. Dies klösterliche Internat ist zu eng, als daß sich die Menschheit in ihm bewegen könnte, ohne es zu zerschlagen." Ihr aber habt euren Kommunismus statt zum klösterlichen Internat zur Kaserne gemacht (man denke an die „militarisierte Arbeit"). In eurer gewohnten Selbstsicherheit habt ihr, ohne euch über die Scheidelinie viel Gedanken zu machen, die Unantastbarkeit und Freiheit des Privateigentums verletzt, seid in die Behausungen eingebrochen (my home is my castle, sagen die Engländer), habt unverzüglich die Teilung der notwendigsten Dinge vorgenommen, und wohl als persönliche Äußerung von Geschmack und Intellekt habt ihr die Privatsammlungen an Gemälden und Büchern in Besitz genommen... Ohne etwas Nennenswertes neu zu schaffen, habt ihr vieles zerstört, mit andern Worten: Durch die sofortige Einführung des Kommunismus nahmt ihr den Menschen für lange Zeit jegliche Lust zum einfachen Sozialismus, den einzuführen die brennendste Aufgabe der Gegenwart ist.

Ein Augenzeuge erzählte mir folgende Alltagsszene: Eine Gruppe Delegierte eines ländlichen Exekutivkomitees fuhr von einem Kongreß heim. Wie üblich hatten sie dort im allerkommunistischen

Geist eine Resolution angenommen. Unter den Bauern, die das unterzeichnet hatten, herrschte bedrücktes Schweigen. Sie fuhren nach Hause in ihre Dörfer, wo die Stimmungen bekanntlich durchaus nicht kommunistisch sind. Einer von der Gruppe, ein temperamentvoller und offenbar überzeugter Mann, setzte ihnen die Vorzüge des kommunistischen Systems auseinander. Doch alle seine feurigen Tiraden stießen auf dasselbe bedrückte Schweigen. Um das Eis zu brechen, fragte er einen bedächtigen, gescheiten Bauern ins Gesicht: „Warum schweigt ihr und wie denkt ihr über das, was ich euch sage?"

„Ja sehen Sie", versetzte der Bauer ernst, „das mag ja alles wahr sein. Aber leider sind die Hände des Menschen nun mal so beschaffen, daß sie lieber raffen als von sich geben."

Wie Sie sehen, entspricht das genau dem, wozu die Träumer vom utopischen Sozialismus am Ende ihrer Experimente gelangt sind. Natürlich geht es nicht um die Hände, sondern um die Seelen. Und die müssen anders, müssen neugeboren werden. Aber dazu müssen zuerst einmal die Institutionen neu gestaltet werden. Wiederum dazu bedarf es der Freiheit im Denken und Handeln, um neue Lebensformen schaffen zu können. Diesen Aktivitäten der Gesellschaft und des Volkes gewaltsam Schranken zu ziehen ist ein Verbrechen, das sich unsere unlängst gestürzte Regierung zuschulden kommen ließ. Doch es gibt ein zweites, nicht minder schweres Verbrechen: gewaltsam neue Lebensformen aufzuzwingen, deren Wert dem Volk noch nicht bewußt geworden ist und die es noch nicht aus eigner Erfahrung kennenzulernen vermochte. Und darin liegt eure Schuld. Anstelle des gesunden Instinktes habt ihr den Befehl gesetzt und erwartet nun, daß sich die menschliche Natur auf Befehl von euch verändert. Für diesen Anschlag auf die freie Selbstbestimmung des Volkes werdet ihr bezahlen müssen.

Die soziale Gerechtigkeit ist etwas überaus Wichtiges, und ihr deklariert mit vollem Recht, daß es ohne sie keine Freiheit gibt. Aber andererseits gibt es ohne Freiheit auch keine Gerechtigkeit. Man wird das Schiff der Zukunft zwischen der Skylla der Sklaverei und der Charybdis der Ungerechtigkeit hindurchsteuern müssen, wobei man weder das eine noch das andere aus den Augen verlieren darf. Behauptet soviel ihr wollt, daß die bürgerliche Freiheit nur ein Betrug zur Versklavung der Arbeiterklasse sei, die europäischen Arbeiter werdet ihr nicht davon überzeugen. Die englischen Arbeiter, die jetzt hoffen, euer Experiment (sofern es gelingt) auf parlamentarischem Wege durchzuführen, haben nicht vergessen, daß der Bourgeois Gladstone, der im Zeichen der Freiheit als Absolutum handelte, fast sein Leben lang für die Erweiterung des Wahlrechts der Arbeiter gekämpft hat. Und jede politische Veränderung in diesem Sinne erschloß weitere Möglichkeiten im Kampf um die soziale Gerechtigkeit, jede politische Reaktion dagegen erbrachte das umgekehrte Ergebnis. Es gab schon viele politische Revolutionen, doch noch keine einzige soziale.

Wohin kann das führen? Ich möchte nicht gerade ein Prophet sein, doch das Herz krampft sich mir zusammen vom Vorgefühl, daß wir erst an der Schwelle von Katastrophen stehen, vor denen alles verblaßt, was wir zur Zeit erleben. Rußland ist ein Koloß, doch seine Kräfte schwinden allmählich, denn er wird schon lange vom inneren Fieber geschüttelt, vom Hunger, vom Elend. Die Entente wird nicht lange mit uns Krieg führen müssen, um uns niederzuzwingen. Das besorgt unsere eigne innere Verwüstung. Und es kommt die Zeit, da wird der zermürbte Koloß um Hilfe bitten, ohne viel nach den Bedingungen zu fragen... Und die Bedingungen werden hart sein.

***

Ich schließe. Wo ist der Ausweg? Voriges Jahr, 1919, besuchte mich ein Korrespondent eurer offiziellen Nachrichtenagentur, um mich zu befragen, was ich über die Vorgänge denke. Ich hege eine Abneigung gegen derartige Interviews. Abgesehen davon, daß ich Schriftsteller bin und selber meine Gedanken zu formulieren imstande bin, pflegen solche Interviews meist recht ungenau auszufallen. Aber eben weil ich Schriftsteller bin, liegt mir daran, daß meine Gedanken bekannt werden. Doch ihr habt die freie Presse erdrosselt. Daher war ich bereit, dem Korrespondenten zu antworten, wobei ich jedoch nicht meine Zweifel verhehlte, ob sich in der zentralen Presse für meine Gedanken Platz finden würde. Er erwiderte, er könne mir das auch nicht garantieren, doch die Agentur werde das Interview den Führern der Sowjetmacht zugehen lassen.

Das Interview ist nicht in der Presse erschienen. Ich weiß nicht, ob Sie es erhalten haben und ob Sie Zeit fanden, es zu lesen. Im großen ganzen sagte ich dasselbe, was ich jetzt wiederhole: Ihr versteht, neue Gebiete zu erobern, aber nicht, sie zu halten, und ich spüre, wie ihr in der Ukraine bereits an Boden verloren habt. Mein Vorgefühl bestätigte sich: anderthalb Monate später mußte die Ukraine unterm Ansturm der Denikin-Truppen geräumt werden. Und jetzt ziehen sich wieder finstere Wolken über der von euch beherrschten Ukraine zusammen...

Der rumänische Anarchist, von dem ich schrieb, kam zu dem Schluß, daß ein Volk, das sich in der Öffentlichkeit überhaupt nicht zu benehmen weiß, von einer idealen Gesellschaftsordnung noch sehr weit entfernt ist. Ich möchte es anders ausdrücken: Ein Volk, das noch nicht gelernt hat, mit dem Mechanismus der Abstimmung umzugehen, noch nicht imstande ist, die vorherrschende Meinung zu formulieren, das die soziale Gerechtigkeit durch individuellen Raub herbeizuführen gewillt ist (eures „Raubt das Geraubte"), das das Reich der Gerechtigkeit damit beginnt, daß es ungesetzliche Erschießungen zuläßt, und das schon seit Jahren – ein solches Volk ist noch weit davon entfernt, sich an die Spitze der besten Bestrebungen der Menschheit zu stellen. Ein solches Volk muß noch lernen und nicht andere belehren.

Über Denikins Freiwilligenarmee habt ihr gesiegt, ebenso über Koltschak, die Polen, vermutlich werdet ihr auch Wrangel besiegen. Möglich, daß die bewaffnete Einmischung der Entente gleichfalls mit eurem Sieg enden wird: Sie hat im Volk den Geist des Patriotismus geweckt, den ihr durch euren Internationalismus erfolglos auszumerzen bemüht wart, wobei ihr allerdings außer acht ließet, daß die vaterländische Idee noch immer die bedeutendste Errungenschaft der Menschheit auf ihrem Weg zur Einheit ist, die vermutlich nur durch den Zusammenschluß von Vaterländern erreicht werden kann. Kurz und gut, an allen Fronten habt ihr den Sieg davongetragen, doch dabei nicht gemerkt, daß eine innere Krankheit an euch zehrt, die euch an der Front der Natur wehrlos macht...

Sie sehen also, daß ich weder die Einmischung der Entente noch den Sieg der Generale herbeiwünsche. Rußland steht abwägend zwischen zwei Utopien: der Utopie der Vergangenheit und der Utopie der Zukunft, wobei es die Wahl hat, in welche Utopie es sich stürzen soll. Die äußere Einmischung wird nur das Experiment verwischen und die Generale, an deren Spitze vermutlich Leute stehen, die Sehnsucht nach der Vergangenheit haben, werden bereit sein, zugunsten dieser Vergangenheit die Macht ebenso zu mißbrauchen, wie ihr es zugunsten der Zukunft tut. Nach Ansicht vieler befindet sich Rußland jetzt in einer Lage, daß es nur noch auf ein Wunder hoffen kann. Das Gespräch mit dem obenerwähnten Korrespondenten schloß ich mit der Aufforderung an euch, die Führer des verfrühten Kommunismus, auf das Experiment zu verzichten und selber eine gesunde Reaktion durchzuführen, um die ungesunde, brutale, unsinnige Reaktion in den Griff zu bekommen und zu zügeln. Man sagt mir, das hieße ein Wunder erwarten. Vielleicht stimmt es. Natürlich werdet ihr ein Äußerstes an Ehrlichkeit und Verantwortung aufbringen müssen, um euren Riesenirrtum einzugestehen. Um euer Selbstbewußtsein zu unterdrücken und einen anderen Weg einzuschlagen, den Weg, den ihr Kompromißlertum nennt.

Ich gebe zu, daß dieser Vorschlag recht naiv ist. Doch ich bin ein Optimist und ein Künstler, und dieser Weg erscheint mir als der einzige, der Rußland aus der jetzigen unsäglichen Lage in ehrenvoller Weise herauszuführen vermag. Außerdem besagt ein alter Spruch, daß jedes Volk die Regierung hat, die es verdient. Und in diesem Sinne kann man sagen: Rußland hat euch verdient... Ihr seid nur der gegenwärtige Ausdruck seiner Vergangenheit, voll von sklavenhafter Unterwürfigkeit gegenüber der Selbstherrschaft, sogar zu einer Zeit, als die, nachdem sie ihre Kräfte in der Bauernreform und mehreren folgenden Reformen verausgabt hatte, von neuem zu blinder Reaktion überging und viele Jahre lang das organische Wachstum des Landes behinderte. Das Volk stand damals auf Seiten des Regimes, und Rußland war zu Fäulnis, zu Entartung verdammt. Es ist nur normal, daß alle möglichen Schattierungen von Ideen im Land aufkamen, selbst die extremsten, selbst mitunter recht unvernünftige. Ein lebendiger Kampf der Ideen hält den Fäulnisprozeß auf und verwandelt sogar die unvernünftigen Bestrebungen in eine Art Schutzimpfung: was heute unklug und schädlich ist, bewahrt häufig seinen Wert für die Zukunft.

Doch unterm Druck der konsequent rückschrittlichen Regierung war das bei uns nicht der Fall. Das gesellschaftliche Denken hörte auf, es wurde gewaltsam in den gewünschten Rahmen gezwängt. In der Landwirtschaft trat eine hoffnungslose Stagnation ein, die wachsende Schicht der Industriearbeiter erhielt keine Möglichkeit, für eine Verbesserung ihrer Lage zu kämpfen. Die mit der Arbeiterschaft sympathisierende Intelligenzia wurde in den Untergrund gedrängt, nach Sibirien verbannt, emigrierte und führte ein träumerisch-verbittertes Leben, abgeschnitten von der heimatlichen Wirklichkeit. Das wiederum wirkte auf das Denken der Intellektuellen und richtete es auf die Perspektive eines schematischen Maximalismus aus.

Die Zufälle der Geschichte durchbrachen dann unvermittelt die trennende Mauer zwischen dem Volk, das so lange ohne politisches Denken gelebt, und der Intelligenzia, die ohne das Volk, d.h. losgelöst von der Wirklichkeit, gelebt hat. Und als dann diese Mauer unversehens fiel, ergab sich aus den bis dahin fremden Elementen ein giftiges Gemisch. Es kam zur Explosion, aber nicht zu einer konstruktiven, die nur zerstört, was die normale Entwicklung des Landes hemmt, sondern einer solchen, die der lebendigen Substanz des gesellschaftlichen Organismus Wunden schlug. Und so wurdet ihr denn die naturgegebenen Vertreter des russischen Volkes, das ja an Willkür gewöhnt ist und naiv erwartet, alles „auf einmal" zu bekommen, dem sogar die Ansätze zu einer vernünftigen Ordnung und kreativer Selbständigkeit fehlen. Daher ist es kein Wunder, daß die Explosion nur zerstörte und nichts neu schuf.

Doch das wahre heilsame Wunder bestünde wohl darin, daß ihr endlich einseht, daß ihr nicht nur unter den europäischen Sozialisten allein steht, sondern daß auch eure eignen Arbeitermassen von euch abzurücken beginnen, ganz zu schweigen vom ausgesprochenen Haß der Bauernschaft gegen euren Kommunismus – das solltet ihr erkennen und auf den verhängnisvollen Weg der Gewalt verzichten. Aber das müßte ehrlich und rückhaltlos geschehen. Vielleicht besitzt ihr noch Macht genug, um auf den neuen Weg einzulenken. Ihr müßtet unumwunden eure Fehler bekennen, die ihr zusammen mit eurem Volk begangen habt. Und euer Hauptfehler ist, daß ihr im kapitalistischen System vieles vorzeitig zerstört habt und daß das erreichbare Maß an Sozialismus nur in einem *freien Land* Eingang finden kann.

Die Regierungen scheitern an der Lüge... Vielleicht habt ihr noch Zeit, zur Wahrheit zurückzukehren, und ich bin sicher, daß das Volk, das euch auf dem Wege der Gewalt folgte, in seinem erwachenden Bewußtsein freudigen Herzens auf dem Weg zurück zur Freiheit schreiten wird. Wenn auch nicht für euch und eure Regierung, aber es wäre ein Segen für das Land und für das zunehmende sozialistische Bewußtsein.

Doch... Seid ihr dazu imstande? Und ist es noch nicht zu spät, falls ihr sogar dazu bereit wärt?

22. September 1920

Deutsch von Hilde Angarowa

Die Briefe von Wladimir Korolenko an Anatoli Lunatscharski sind in der UdSSR erstmalig in der Monatsschrift „Nowy Mir" (H. 10/1988) erschienen. Korolenko schrieb sie in Poltawa im Jahre 1920, kurz vor seinem Tod. Nach Mitteilung von Wladimir Bontsch-Brujewitsch wurden sie von W. I. Lenin angeregt: „Man muß Lunatscharski bitten, mit ihm einen Briefwechsel aufzunehmen: für ihn wäre das am bequemsten, denn er ist Kommissar für Volksbildung und zugleich Schriftsteller" („Wladimir Korolenko in Erinnerungen von Zeitgenossen", Moskau 1962, S. 508 russ.).

Nach dem Treffen mit Lunatscharski, der ihn in Poltawa aufgesucht hatte, schrieb Korolenko sechs Briefe, erhielt jedoch auf keinen einzigen Antwort. Als Prof. Nikolai Piksanow 1920 vorschlug, den Briefwechsel mit Korolenko zu veröffentlichen, antwortete Lunatscharski: „Was meinen Briefwechsel mit Korolenko anbetrifft, kann der keinesfalls veröffentlicht werden. Denn es hat ja eigentlich keinen Briefwechsel gegeben" (Institut für russische Literatur /Das Puschkin-Haus/. Fonds N. K. Piksanow). Das Fehlen jeder Antwort führte Lunatscharski auf verschiedene Gründe zurück.

Die Briefe wurden in Abschriften verbreitet und 1922 vom Verlag Sadruga in Paris ediert. Ein Exemplar dieser ausländischen Edition befindet sich in W. I. Lenins Kremlbibliothek. Auf die Frage der Zeitung „Prawda" (Beilage vom 24. September 1922, Rubrik „Gen. Lenin erholt sich") „Wofür interessiert sich Wladimir Iljitsch?", antwortete Lew Kamenew, der Lenin in Gorki besucht hatte: „... für die Briefe von Korolenko an Lunatscharski, die eben erschienen sind."

[1] Anatoli Lunatscharski kam am 7. Juni nach Poltawa, um Wladimir Korolenko zu sehen. Auf einer Kundgebung im Stadttheater bat Korolenko, ihm fünf Einheimische retten zu helfen, die zum Tod durch Erschießung verurteilt worden waren. Am nächsten Morgen bekam Korolenko einen Zettel von Lunatscharski, der Poltawa bereits verlassen hatte: „Lieber, unermeßlich verehrter Wladimir Galaktionowitsch! Es tut mir schrecklich leid, daß Sie mit ihrer Erklärung an mich zu spät gekommen sind. Ich würde selbstverständlich alles tun, um schon Ihretwegen diese Menschen zu retten – aber ihnen ist nicht mehr zu helfen. Das Urteil war schon vor meiner Ankunft vollstreckt worden. Ihr Sie liebender Lunatscharski." („Woprossy Literatury", H. 7/1970, S. 371).

[2] 1899 rettete Korolenko den unschuldig verurteilten Tschetschenen Jussupow vor der Todesstrafe (W. Korolenko: Gesammelte Werke in zehn Bänden. Moskau 1955, Bd. 9, S. 528–534).

[3] Ebenda, S. 534–549

[4] Christian Rakowski war damals Vorsitzender des Rats der Volkskommissare der Ukraine, später Botschafter der UdSSR in England und Frankreich. Im März 1938 wurde er vom Militärkollegium des Obersten Gerichts der UdSSR verurteilt und am 11. September 1941 im Gefängnis von Orjol erschossen. 1988 wurde er rehabilitiert. Korolenko hatte Rakowski noch vor der Revolution bei einer seiner Rumänien-Reisen kennengelernt.

[5] Die Exhumierung der Tscheka-Opfer in Poltawa erfolgte am 2. August 1919.

[6] Siehe W. I. Lenin: Werke, Bd. 31, S. 127–131

[7] Wladimir Korolenkos Artikel „Eine alltägliche Erscheinung (Notizen eines Publizisten über die Todesstrafe)" erschien erstmalig in der Zeitschrift „Russkoje Bogatstwo" im März und April 1910.

[8] Auf diesen Gedanken von Bakunin weist Korolenko auch in der „Geschichte meines Zeitgenossen" (Moskau 1968, S. 376 russ.) hin sowie im Brief an M. Sashin vom 14. November 1920 („Russkaja Literatura", H. 1/1973, S. 108/109).

[9] Beiträge von W. Korolenko, umgearbeit in eine Folge von Aufsätzen. „Das Hungerjahr", erschienen 1892/93 in der Zeitung „Russkije Wedomosti" und Ende 1893 auch in Buchform.

[10] Es handelt sich um den Briefwechsel W. I. Lenins mit dem Korrespondenten der englischen Tageszeitung „Daily News" Segrew (W. I. Lenin: Werke, Bd. 31, S. 262/63).

Kommentiert von A. Chrabrowizki

Statt eines Nachworts

In einem Nachwort werden in der Regel entstehungsgeschichtliche, inhaltlich ergänzende und andere Erläuterungen zu dem Veröffentlichten gegeben. Das ist hier nicht beabsichtigt. Es geht zunächst darum, einen großen Humanisten, der ohne sein Verschulden bei uns wenig bekannt ist, nicht ganz der Vergessenheit anheim fallen zu lassen.
Keiner Geringeren als Rosa Luxemburg verdanken wir die ausgewogene Beschreibung des Platzes von Wladimir Korolenko unter den russischen Schriftstellern des 19. Jahrhunderts und in der westeuropäischen Literatur. Aber schon die Erschließung seiner Werke wird dem Interessenten Schwierigkeiten bereiten, solange keine Neuveröffentlichungen erfolgen.
Die bis vor kurzem kaum publizierten Briefe Wladimir Korolenkos an Anatoli Lunatscharski sind mehr von aktuellem gesellschaftspolitischem als rein literarischem Interesse. Machte er darin schon sehr früh auf die Geburtsfehler der größten sozialen Revolution im 20. Jahrhundert aufmerksam. Durch gespenstische Orgien von Gewalt und Gegengewalt wurden die Ideale des Kommunismus diskreditiert. Millionen Menschen haben sich geopfert oder wurden Opfer. Bis heute werden die Ursachen für das Scheitern des „realen Sozialismus" zumeist mit dem Versagen einzelner Persönlichkeiten oder mit Fehlern in der Endphase des Systems erklärt. Nur eine radikale, das heißt an der Wurzel beginnende Aufklärung erlaubt eine Entmystifizierung des Geschehenen.
Bekanntlich waren es Karl Marx und Friedrich Engels, die das „Gespenst des Kommunismus" durch wissenschaftliche Untersuchung der Gesellschaft vertrieben. Leider wurden ihre Erkenntnisse nicht immer schöpferisch angewandt oder aber mißbraucht. Nur wenige haben bis heute die Aussage von Marx verstanden, warum der Geldmaßstab für eine Gesellschaft, in der die Wissenschaft zur Hauptproduktivkraft wird, zu eng ist und in die Krise führt. (Wissenschaftlich erkannte Naturgesetze können nicht in Geld ausgedrückt werden und verlangen die Behandlung als Gemeineigentum!)
Die Kommune als Urform menschlicher Gemeinschaft gelangt durch dialektische Negation in höherer Qualität im gesellschaftlichen Fortschritt zu wachsender Bedeutung. Weder durch Häme noch durch Haß oder Gewalt wird das Streben der Menschen nach den Idealen einer solchen Kommune aus dem Bewußtsein zu tilgen sein.

Bertolt Brecht sagt im „Lob des Kommunismus", daß er das Einfache ist, daß schwer zu machen sei...

Rosa Luxemburg

wird am **5. März 1871** in der Kleinstadt Zamosc im russisch besetzten Polen als Tochter eines Holzhändlers geboren.
Ihre Schulbildung erhält sie in Warschau. Von **1880 bis 1887** besucht sie dort das Gymnasium – mit ausgezeichneten Leistungen in einer Umgebung, die eigentlich den Töchtern der russischen Beamten vorbehalten war. Sie lernt vier Sprachen perfekt, entwickelt früh ihre Lust am gesprochenen und geschriebenen Wort und – wird für linke polnische Gruppierungen politisch aktiv.
1889 droht ihr wegen dieser Aktivitäten Verhaftung, und sie flieht über Deutschland in die Schweiz. An der Universität in Zürich – einer der wenigen höheren Bildungsstätten, zu denen Frauen gleichberechtigten Zugang haben – studiert sie zunächst Naturwissenschaften, dann Staatswissenschaften und Nationalökonomie.
1897 erwirbt sie den Doktorgrad – bestaunt und bewundert als einzige Frau zwischen Söhnen von Gutsherren, Fabrikbesitzern und Staatsverwaltern.
Sie hat eine enge, spannungsreiche Liebesbeziehung mit dem polnischen Revolutionär Leo Jogiches.
1893 wird Rosa Luxemburg Mitbegründerin einer Partei: der „Sozialdemokratie des Königreiches Polen" (SDKP), die sich 1900 in Sozialdemokratie des Königreiches Polen und Litauen (SDKPiL) umbenennen wird.
Im August des gleichen Jahres – gerade 22 Jahre alt – hat sie ihren ersten großen Auftritt in der internationalen Arbeiterbewegung. Auf dem III. Internationalen Sozialistischen Arbeiterkongress in Zürich kämpft sie mit einer mutigen Rede um ein Mandat für sich und ihre junge Partei. Das wird ihr zu diesem Zeitpunkt noch verweigert.
1898 siedelt Rosa Luxemburg nach Deutschland über. Eine Scheinehe verschafft ihr die deutsche Staatsbürgerschaft. Fortan ficht sie für die deutsche Sozialdemokratie auf Parteitagen, internationalen Kongressen und mit ihrer publizistischen Tätigkeit. Auf dem Internationalen Sozialistenkongress 1900 begründet sie die Notwendigkeit internationaler Aktionen gegen Imperialismus, Militarismus und Kolonialpolitik.
1904 bis 1914 vertritt sie die SDKPiL im Internationalen Sozialistischen Büro (ISB).
Von Ende **Dezember 1905 bis März 1906** nimmt sie im russisch besetzten Polen an der Revolution teil, wird verhaftet und im Juni 1906 gegen Kaution freigelassen.
Aus den Erfahrungen der russischen Revolution 1905–1907 zieht sie in Berlin Schlussfolgerungen für die deutsche Arbeiterklasse, verteidigt den politischen Massenstreik als revolutionäres Kampfmittel und profiliert sich als Führerin der linken Strömung in der deutschen Sozialdemokratie.
1907 entwickelt sie auf dem Internationalen Sozialistenkongress gemeinsam mit Lenin und Martow ein Antikriegsprogramm der internationalen Arbeiterbewegung.
Von **1907 bis 1914** arbeitet sie als Lehrerin an der sozialdemokratischen Parteischule in Berlin.
Sie hat eine mehrjährige Liebesbeziehung mit Kostja Zetkin, dem Sohn ihrer engen Mitstreiterin Clara Zetkin.
Im Frühjahr **1914** wird sie wegen ihrer Antikriegsreden zu Gefängnishaft verurteilt. Paul Levi ist ihr Prozessverteidiger – und wird ihre neue Liebe.
1915 verfasst sie unter dem Pseudonym „Junius" eine Schrift gegen den seit dem 1. August 1914 tobenden Weltkrieg – die berühmt gewordene „Junius-Broschüre".

Ende **1915** schließt sie sich mit Karl Liebknecht und anderen Kriegsgegnern in der Sozialdemokratie zur Gruppe »Internationale« zusammen, aus der 1916 die Spartakusgruppe hervorgeht.
Von **Juli 1916 bis November 1918** ist Rosa Luxemburg in Berlin, Wronke und Breslau inhaftiert.
1917 unterstützt sie mit Artikeln vom Gefängnis aus die Februar- und die Oktoberrevolution in Russland. Sie begrüßt die Umbrüche – und warnt zugleich vor einer Diktatur der Bolschewiki. Erst 1922 gelangt die Schrift „Zur russischen Revolution", in der diese Warnung enthalten ist, an die Öffentlichkeit. „Ohne allgemeine Wahlen, ungehemmte Presse- und Versammlungsfreiheit, freien Meinungskampf" – heißt es darin – „erstirbt das Leben in jeder öffentlichen Institution, wird zum Scheinleben ...".
Am **9. November 1918** aus der Haft entlassen, engagiert sie sich mit ganzer Kraft in der Novemberrevolution. Gemeinsam mit Karl Liebknecht gibt sie die „Rote Fahne" heraus, arbeitet für einen umfassenden gesellschaftlichen Umbruch und gehört an der Jahreswende **1918/1919** zu den Gründern der Kommunistischen Partei Deutschlands (KPD).
Am **15. Januar 1919** werden Rosa Luxemburg und Karl Liebknecht von Offizieren und Soldaten konterrevolutionärer Reichswehreinheiten in Berlin ermordet.

Daten aus W. G. Korolenkos Leben und Schaffen

1853 Am 15. Juli (27. Juli n. St.) wird W. G. Korolenko geboren.

1863 Eintritt W. G. Korolenkos in das Gymnasium von Shitomir.

1866 Die Familie Korolenko siedelt nach Rowno über. W. G. Korolenko besucht das Realgymnasium von Rowno.

1868 Tod des Vaters

1871 Korolenko beendet das Gymnasium und tritt in die Petersburger Technische Hochschule ein.

1874 Eintritt in die Petrowsker Akademie bei Moskau.

1876 Ausschluß aus der Akademie. Arrest und Ausweisung wegen Einreichung einer kollektiven studentischen Eingabe.
Niederlassung in Kronstadt unter Polizeiaufsicht.

1877 Eintritt in die Bergakademie in Petersburg.

1878 7. Juni. Erstes Erscheinen Korolenkos in der Presse: eine Notiz „Die Schlägerei am Apraxiner Hof" in der Zeitung „Nowosti"

1879 Verhaftung und Verschickung nach Glasow, von dort nach Beresowskije Potschinki.
Im Juli erscheint in der Zeitschrift „Slowo" die erste Erzählung Korolenkos – „Episoden aus dem Leben eines Suchers".

1880 Umherirren Korolenkos von einem Gefängnis zum anderen und auf Verbannungswegen.
Lange Haft im Wyschnewolozker Gefängnis, wo Korolenko die Erzählung „Ein seltsames Mädchen" schreibt. Verschickung nach Perm.

1881 Korolenkos Ablehnung der Eidesleistung auf Alexander III. Verbannung in das Dorf Amga des Jakutsker Gebietes.

1882–1884 Verbannungszeit Korolenkos in Sibirien.

1885 Nach Beendigung der Verbannung läßt sich Korolenko mit seiner Familie in Nishni Nowgorod nieder. Im März erscheint in der Zeitschrift „Russkaja Mysl" die Erzählung „Makars Traum", im Oktober die Erzählung „In schlechter Gesellschaft", in der Zeitschrift „Sewerny Wjestnik" die Erzählung „Sokolinez".

1886 Korolenko heiratet E. S. Iwanowskaja. Bekanntschaft mit L. N. Tolstoi. Im Laufe des Jahres Arbeit an der Erzählung „Der blinde Musiker"; Herausgabe des ersten Bandes der „Skizzen und Erzählungen".

1887 Im August Reise Korolenkos nach Jurjewez zur Beobachtung der Sonnenfinsternis.
Niederschrift der Erzählung „Die Sonnenfinsternis". Eintritt in die Redaktion der Zeitschrift „Sewerny Wjestnik" und Beginn der Redaktionsarbeiten.
Bekanntschaft mit G. I. Uspenski und A. P. Tschechow.

1889 Reise in das Dorf Pawlowo zum Studium der Lebensbedingungen der Handwerker.
Reise nach Saratow. Bekanntschaft mit N. G. Tschernyschewski. Begegnung mit M. Gorki in Nishni Nowgorod.

1890 Veröffentlichung der „Pawlowsker Skizzen".

1891–1892 Arbeit in den vom Hunger betroffenen Dörfern. In Zeitungen und Zeitschriften eine Reihe von Artikeln über die Hungersnot. Erscheinen der Erzählungen „Der Fluß regt sich" und „Der Tscherkesse".

1893 Reise nach Amerika. Tod seiner Tochter Jelena.

1894 Eintritt Korolenkos in die Redaktion der Zeitschrift „Russkoje Bogatstwo".

1895 Erscheinen der Erzählung „Ohne Sprache". Das Komitee für Schrifttum bei der Freiwirtschaftlichen Vereinigung verleiht Korolenko die Goldene Medaille.
Teilnahme Korolenkos am Multansker Prozeß.

1896 Am 27. Mai Beginn der dritten Gerichtsverhandlung im Multansker Prozeß in Mamadysch. Korolenko tritt als Verteidiger auf.
29. Mai Tod seiner Tochter Olga.
4. Juni Freispruch im Multansker Prozeß.
Ernste Verschlechterung des Gesundheitszustandes Korolenkos infolge Übermüdung und nervöser Anspannung. Übersiedlung nach Petersburg.

1900 Wahl Korolenkos zum Ehrenmitglied der Akademie.
Reise nach dem Ural zwecks Sammlung und Studium des Materials für die historische Darstellung Pugatschews. Übersiedlung nach Poltawa.

1901 Verstärkte Arbeit an den Erzählungen „Frost", „Der letzte Sonnenstrahl", „Das Nicht-Schreckliche", „Kaiserliche Fuhrleute", „Bei den Kosaken". Beginn der Arbeit an einem historischen Roman über den Aufstand Pugatschews.

1902 Widerruf der Wahl Gorkis zum Ehrenmitglied der Akademie (auf Befehl des Zaren); im Zusammenhang damit unternimmt Korolenko eine Reise nach Petersburg und ebenso nach Jalta, zwecks Beratung mit Tschechow. Zum Zeichen des Protestes lehnen Korolenko und Tschechow den Titel eines Ehrenmitgliedes der Akademie ab.
Erscheinen von Korolenkos Erinnerungen an den verstorbenen G. I. Uspenski.

1903 Tod der Mutter Korolenkos.
Reise nach Kischinew, wo durch die Ultrareaktionäre ein jüdischer Pogrom organisiert wurde.
Niederschrift der Skizze „Haus Nr. 13", die von der Zensur verboten wurde.
In einer Reihe von Städten feierliche Ehrungen Korolenkos aus Anlaß seines 50jährigen Geburtstages. Eine große Anzahl von Glückwunschtelegrammen.

1904 Herausgabe von Korolenkos Erinnerungen an die in diesem Jahre verstorbenen N. K. Michailowski und A. P. Tschechow.

1905 Beginn der Arbeiten Korolenkos an der „Geschichte meines Zeitgenossen".
Erscheinen des Artikels über die Erschießung von Arbeitern am 9. Januar in Petersburg vor dem Winterpalais.
Kampf Korolenkos gegen die Pogromagitation in Poltawa.

Verbot des „Russkoje Bogatstwo“ als Vergeltung für die Veröffentlichung des Manifestes des Petersburger Sowjets der Arbeiterdeputierten. Korolenko wird als Redakteur vor Gericht gestellt.

1906 „Offener Brief“ Korolenkos an Philonow, der die Bauern des Poltawaer Gouvernements mißhandeln und erschießen ließ. Ermordung Philonows und Hetze der Ultrareaktionäre gegen Korolenko.

1910 Korolenko arbeitet an Artikeln über die Todesstrafe und über Standgerichte.
Veröffentlichung der Abhandlung „Eine alltägliche Erscheinung“ in russicher, französischer, deutscher, italienischer und bulgarischer Sprache; begeisterte Stellungnahme L. N. Tolstois zu diesem Buch.
Im August besucht Korolenko Tolstoi in Jasnaja Poljana. Im November Reise Korolenkos nach Jasnaja Poljana zur Beisetzung Tolstois.

1911 Erscheinen der Artikel Korolenkos über verleumderische Beschuldigungen der Juden, „Ritualmord“ begangen zu haben. Stellungnahme Korolenkos gegen Mißhandlungen der Revolutionäre in den Gefängnissen.

1912 Korolenko wird als Redakteur zu Haft verurteilt, weil im „Russkoje Bogatstwo“ der Artikel S. J. Jelpatjewskis „Menschen unseres Kreises“ veröffentlicht worden war (das Urteil wurde durch bald nachfolgende Amnestie aufgehoben).
Korolenkos Artikel über Folterungen.

1913 Im Zusammenhang mit der gerichtlichen Belangung Korolenkos wegen einer ganzen Reihe literarischer Arbeiten wird ihm die Ausreisegenehmigung ins Ausland, wohin er zur Kur fahren wollte, verweigert.
Korolenko ist bei dem Prozeß Bejlis in Kiew anwesend. Er veröffentlicht über diesen Prozeß in Zeitungen eine Reihe von Artikeln, für die man ihn wieder vor Gericht stellt.

1914 Reise ins Ausland zur Kur.
Die Zeitschrift „Niwa“ läßt als Beilage eine Gesamtausgabe der Werke Korolenkos erscheinen.

1915 Nach anderthalbjährigem Aufenthalt im Ausland kehrt Korolenko nach Poltawa zurück.
Tod des Bruders Illarion.
Verschärfung der Krankheit, schwere Herzanfälle.

1916 Eine Reihe von Artikeln über Flüchtlinge und Geiseln. Arbeit an der „Geschichte meines Zeitgenossen“.

1917 Tod seiner Schwester Maria.
Weitere Verschlimmerung des Gesundheitszustandes Korolenkos.

1918 Wahl zum Ehrenvorsitzenden der „Liga zur Rettung der Kinder“.
Rede Korolenkos im Theater bei der Feier der Schüler aus Anlaß der hundertsten Wiederkehr des Geburtstages von Turgenjew.

1919 Arbeit in der „Liga zur Rettung der Kinder“.
Beständige Verschlimmerung des Gesundheitszustandes Korolenkos; ein Sanatoriumsaufenthalt bringt keine Besserung.
Erscheinen des zweiten Bandes der „Geschichte meines Zeitgenossen“.

1920 6 Briefe an Anatoli Wassiljewitsch Lunatscharski, Volkskommissar für das Volksbildungswesen (Narkompros)*

1921 Im Juni stellt ein Ärtzekonsilium Lebensgefahr für Korolenko fest.
Im Juli erhält Korolenko einen Brief von Gorki, der ihn bittet, einen Aufruf an Europa um Hilfe für die Hungernden zu schreiben.
Unter Anspannung der letzten Kräfte Arbeit an dem Aufruf und an der „Geschichte meines Zeitgenossen".
Im November Lungenentzündung.
Mitte Dezember Genesung und Rückkehr zur Arbeit.
Rückfall der Lungenentzündung.
25. Dezember, um 10 Uhr 30 Minuten abends, der Tod.
28. Dezember Beisetzung in Poltawa.

** Für das Jahr 1920 gibt es bei A. Dermann für die „Daten aus W. G. Korolenkos Leben und Schaffen" keinen Eintrag. Der großen Bedeutung der Briefe angemessen habe ich für die hier vorliegende Edition diese Ergänzung vorgenommen.*
Helmut Hauck

Für die Unterstützung bei der Druckvorbereitung und Gestaltung des Buches möchte ich mich besonders bei Stefan Schäwel, Wolfgang Tietze, meiner Tochter Ulrike, der Rosa-Luxemburg-Stiftung (Berlin) und dem Karl Dietz Verlag Berlin GmbH bedanken.